50 LANGUAGES

English (UK) – French
for beginners

IMPRINT / IMPRESSUM

Johannes Schumann:
50LANGUAGES: English (UK) - French for beginners
EAN-13 (ISBN-13): 978-1-64018-130-4

Inquiries / Anfragen:
info@50languages.com
info@goethe-verlag.com

Table of contents

1 [one] 1 [un]

People — Les gens

I	moi / je
I and you	moi et toi
both of us	nous deux
he	lui / il
he and she	lui et elle
they both	eux deux
the man	l'homme
the woman	la femme
the child	l'enfant
a family	une famille
my family	ma famille
My family is here.	Ma famille est ici.
I am here.	Je suis ici.
You are here.	Tu es ici.
He is here and she is here.	Il est ici et elle est ici.
We are here.	Nous sommes ici.
You are here.	Vous êtes ici.
They are all here.	Ils sont tous ici.

2 [two]

2 [deux]

Family Members

La famille

the grandfather	le grand-père
the grandmother	la grand-mère
he and she	lui et elle
the father	le père
the mother	la mère
he and she	lui et elle
the son	le fils
the daughter	la fille
he and she	lui et elle
the brother	le frère
the sister	la sœur
he and she	lui et elle
the uncle	l'oncle
the aunt	la tante
he and she	lui et elle
We are a family.	Nous sommes une famille.
The family is not small.	La famille n'est pas petite.
The family is big.	La famille est grande.

3 [three]

Getting to know others

3 [trois]

Faire connaissance

Hi!	Salut !
Hello!	Bonjour !
How are you?	Comment ça va ?
Do you come from Europe?	Venez-vous d'Europe ?
Do you come from America?	Venez-vous d'Amérique ?
Do you come from Asia?	Venez-vous d'Asie ?
In which hotel are you staying?	Dans quel hôtel séjournez-vous ?
How long have you been here for?	Depuis quand êtes-vous ici ?
How long will you be staying?	Jusqu'à quand restez-vous ?
Do you like it here?	Est-ce que vous vous plaisez ici ?
Are you here on vacation?	Êtes-vous en vacances ici ?
Please do visit me sometime!	N'hésitez pas à venir me voir !
Here is my address.	Voici mon adresse.
Shall we see each other tomorrow?	Pourrions-nous nous voir demain ?
I am sorry, but I already have plans.	Je suis désolé(e), mais j'ai déjà quelque chose de prévu.
Bye!	Salut !
Good bye!	Au revoir !
See you soon!	A bientôt !

4 [four]

4 [quatre]

At school

A l'école

Where are we?	Où sommes-nous ?
We are at school.	Nous sommes à l'école.
We are having class / a lesson.	Nous avons cours.
Those are the school children.	Ce sont les élèves.
That is the teacher.	C'est l'institutrice.
That is the class.	C'est la classe.
What are we doing?	Que faisons-nous ?
We are learning.	Nous apprenons.
We are learning a language.	Nous apprenons une langue.
I learn English.	J'apprends l'anglais.
You learn Spanish.	Tu apprends l'espagnol.
He learns German.	Il apprend l'allemand.
We learn French.	Nous apprenons le français.
You all learn Italian.	Vous apprenez l'italien.
They learn Russian.	Ils apprennent le russe.
Learning languages is interesting.	Apprendre des langues est intéressant.
We want to understand people.	Nous voulons comprendre les gens.
We want to speak with people.	Nous voulons parler avec les gens.

5 [five]

5 [cinq]

Countries and Languages

Pays et langues

John is from London.
London is in Great Britain.
He speaks English.

Jean est de Londres.
Londres est situé en Grande-Bretagne.
Il parle anglais.

Maria is from Madrid.
Madrid is in Spain.
She speaks Spanish.

Marie est de Madrid.
Madrid est situé en Espagne.
Elle parle espagnol.

Peter and Martha are from Berlin.
Berlin is in Germany.
Do both of you speak German?

Pierre et Marthe sont de Berlin.
Berlin est situé en Allemagne.
Parlez-vous tous les deux allemand ?

London is a capital city.
Madrid and Berlin are also capital cities.
Capital cities are big and noisy.

Londres est une capitale.
Madrid et Berlin sont aussi des capitales.
Les capitales sont grandes et bruyantes.

France is in Europe.
Egypt is in Africa.
Japan is in Asia.

La France est située en Europe.
L'Égypte est située en Afrique.
Le Japon est situé en Asie.

Canada is in North America.
Panama is in Central America.
Brazil is in South America.

Le Canada est situé en Amérique du Nord.
Panama est situé en Amérique centrale.
Le Brésil est situé en Amérique du Sud.

6 [six]

Reading and writing

6 [six]

Lire et écrire

I read.	Je lis.
I read a letter.	Je lis une lettre.
I read a word.	Je lis un mot.
I read a sentence.	Je lis une phrase.
I read a letter.	Je lis une lettre.
I read a book.	Je lis un livre.
I read.	Je lis.
You read.	Tu lis.
He reads.	Il lit.
I write.	J’écris.
I write a letter / character.	J’écris une lettre.
I write a word.	J’écris un mot.
I write a sentence.	J’écris une phrase.
I write a letter.	J’écris une lettre.
I write a book.	J’écris un livre.
I write.	J’écris.
You write.	Tu écris.
He writes.	Il écrit.

7 [seven]

Numbers

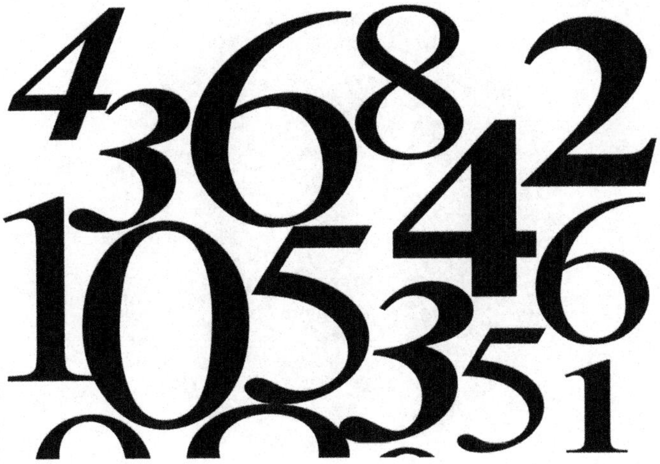

7 [sept]

Chiffres

I count:
one, two, three
I count to three.

I count further:
four, five, six,
seven, eight, nine

I count.
You count.
He counts.

One. The first.
Two. The second.
Three. The third.

Four. The fourth.
Five. The fifth.
Six. The sixth.

Seven. The seventh.
Eight. The eighth.
Nine. The ninth.

Je compte:
un, deux, trois
Je compte jusqu'à trois.

Je compte de nouveau:
quatre, cinq, six,
sept, huit, neuf

Je compte.
Tu comptes.
Il compte.

Un. Le premier.
Deux. Le deuxième.
Trois. Le troisième.

Quatre. Le quatrième.
Cinq. Le cinquième.
Six. Le sixième.

Sept. Le septième.
Huit. Le huitième.
Neuf. Le neuvième.

8 [eight] | 8 [huit]

The time | L'heure

Excuse me! | Veuillez m'excuser !
What time is it, please? | Quelle heure est-il, s'il vous plaît ?
Thank you very much. | Merci beaucoup.

It is one o'clock. | Il est une heure.
It is two o'clock. | Il est deux heures.
It is three o'clock. | Il est trois heures.

It is four o'clock. | Il est quatre heures.
It is five o'clock. | Il est cinq heures.
It is six o'clock. | Il est six heures.

It is seven o'clock. | Il est sept heures.
It is eight o'clock. | Il est huit heures.
It is nine o'clock. | Il est neuf heures.

It is ten o'clock. | Il est dix heures.
It is eleven o'clock. | Il est onze heures.
It is twelve o'clock. | Il est douze heures.

A minute has sixty seconds. | Une minute a soixante secondes.
An hour has sixty minutes. | Une heure a soixante minutes.
A day has twenty-four hours. | Un jour a vingt-quatre heures.

9 [nine]

Days of the week

9 [neuf]

Les jours de la semaine

Monday	le lundi
Tuesday	le mardi
Wednesday	le mercredi
Thursday	le jeudi
Friday	le vendredi
Saturday	le samedi
Sunday	le dimanche
the week	la semaine
from Monday to Sunday	du lundi au dimanche
The first day is Monday.	Le premier jour est le lundi.
The second day is Tuesday.	Le deuxième jour est le mardi.
The third day is Wednesday.	Le troisième jour est le mercredi.
The fourth day is Thursday.	Le quatrième jour est le jeudi.
The fifth day is Friday.	Le cinquième jour est le vendredi.
The sixth day is Saturday.	Le sixième jour est le samedi.
The seventh day is Sunday.	Le septième jour est le dimanche.
The week has seven days.	La semaine a sept jours.
We only work for five days.	Nous ne travaillons que cinq jours.

10 [ten]

Yesterday – today – tomorrow

10 [dix]

Hier – aujourd'hui – demain

Yesterday was Saturday.
I was at the cinema yesterday.
The film was interesting.

Hier, c'était samedi.
Hier, je suis allé au cinéma.
Le film était intéressant.

Today is Sunday.
I'm not working today.
I'm staying at home.

Aujourd'hui, c'est dimanche.
Aujourd'hui, je ne travaille pas.
Je reste à la maison.

Tomorrow is Monday.
Tomorrow I will work again.
I work at an office.

Demain, c'est lundi.
Demain, je recommence à travailler.
Je travaille au bureau.

Who is that?
That is Peter.
Peter is a student.

Qui est-ce ?
C'est Pierre.
Pierre est étudiant.

Who is that?
That is Martha.
Martha is a secretary.

Qui est-ce ?
C'est Marthe.
Marthe est secrétaire.

Peter and Martha are friends.
Peter is Martha's friend.
Martha is Peter's friend.

Pierre et Marthe sont amis.
Pierre est l'ami de Marthe.
Marthe est l'amie de Pierre.

11 [eleven]

Months

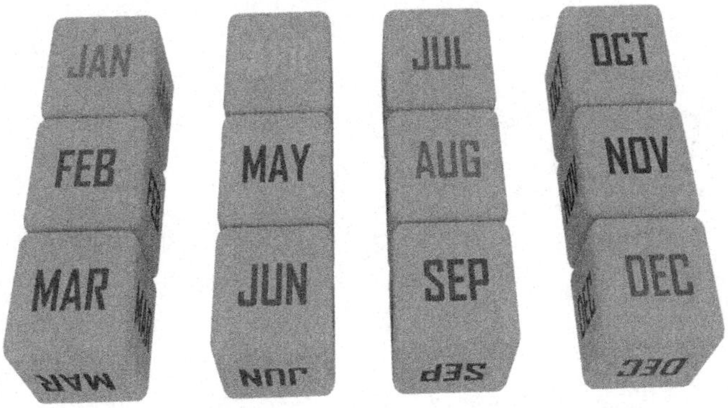

11 [onze]

Les mois

January
February
March

April
May
June

These are six months.
January, February, March,
April, May and June.

July
August
September

October
November
December

These are also six months.
July, August, September,
October, November and December.

janvier
février
mars

avril
mai
juin

Ce sont six mois.
Janvier, février, mars,
avril, mai et juin.

juillet
août
septembre

octobre
novembre
décembre

Ce sont aussi six mois.
juillet, août, septembre,
octobre, novembre, décembre.

12 [twelve]

Beverages

12 [douze]

Les boissons

I drink tea.
I drink coffee.
I drink mineral water.

Je bois du thé.
Je bois du café.
Je bois de l'eau minérale.

Do you drink tea with lemon?
Do you drink coffee with sugar?
Do you drink water with ice?

Bois-tu du thé au citron ?
Bois-tu du café avec du sucre ?
Veux-tu de l'eau avec des glaçons ?

There is a party here.
People are drinking champagne.
People are drinking wine and beer.

Il y a une fête ici.
Les gens boivent du champagne.
Les gens boivent du vin et de la bière.

Do you drink alcohol?
Do you drink whisky / whiskey (am.)?
Do you drink Coke with rum?

Bois-tu de l'alcool ?
Bois-tu du whisky ?
Bois-tu du coca avec du rhum ?

I do not like champagne.
I do not like wine.
I do not like beer.

Je n'aime pas le champagne.
Je n'aime pas le vin.
Je n'aime pas la bière.

The baby likes milk.
The child likes cocoa and apple juice.
The woman likes orange and grapefruit juice.

Le bébé aime le lait.
L'enfant aime le cacao et le jus de pomme.
La femme aime le jus d'orange et le jus de pamplemousse.

13 [thirteen]

Activities

13 [treize]

Les activités

What does Martha do?
She works at an office.
She works on the computer.

Where is Martha?
At the cinema.
She is watching a film.

What does Peter do?
He studies at the university.
He studies languages.

Where is Peter?
At the café.
He is drinking coffee.

Where do they like to go?
To a concert.
They like to listen to music.

Where do they not like to go?
To the disco.
They do not like to dance.

Que fait Marthe ?
Elle travaille dans un bureau.
Elle travaille sur un ordinateur.

Où est Marthe ?
Au cinéma.
Elle regarde un film.

Que fait Pierre ?
Il étudie à l'université.
Il étudie les langues.

Où est Pierre ?
Au café.
Il boit du café.

Où aiment-ils aller ?
Au concert.
Ils aiment écouter de la musique.

Où n'aiment-ils pas aller ?
Dans les discothèques.
Ils n'aiment pas danser.

14 [fourteen] | 14 [quatorze]

Colors | Couleurs

Snow is white.	La neige est blanche.
The sun is yellow.	Le soleil est jaune.
The orange is orange.	L'orange est orange.
The cherry is red.	La cerise est rouge.
The sky is blue.	Le ciel est bleu.
The grass is green.	L'herbe est verte.
The earth is brown.	La terre est brune.
The cloud is grey / gray (am.).	Le nuage est gris.
The tyres / tires (am.) are black.	Les pneus sont noirs.
What colour / color (am.) is the snow? White.	Quelle est la couleur de la neige ? Blanche.
What colour / color (am.) is the sun? Yellow.	Quelle est la couleur du soleil ? Jaune.
What colour / color (am.) is the orange? Orange.	Quelle est la couleur d'une orange ? Orange.
What colour / color (am.) is the cherry? Red.	Quelle est la couleur d'une cerise ? Rouge.
What colour / color (am.) is the sky? Blue.	Quelle est la couleur du ciel ? Bleu.
What colour / color (am.) is the grass? Green.	Quelle est la couleur de l'herbe ? Verte.
What colour / color (am.) is the earth? Brown.	Quelle est la couleur de la terre ? Brune.
What colour / color (am.) is the cloud? Grey / Gray (am.).	Quelle est la couleur du nuage ? Gris.
What colour / color (am.) are the tyres / tires (am.)? Black.	Quelle est la couleur des pneus ? Noir.

15 [fifteen]

15 [quinze]

Fruits and food

Fruits et aliments

I have a strawberry.
I have a kiwi and a melon.
I have an orange and a grapefruit.

J'ai une fraise.
J'ai un kiwi et un melon.
J'ai une orange et un pamplemousse.

I have an apple and a mango.
I have a banana and a pineapple.
I am making a fruit salad.

J'ai une pomme et une mangue.
J'ai une banane et un ananas.
Je fais une salade de fruits.

I am eating toast.
I am eating toast with butter.
I am eating toast with butter and jam.

Je mange un toast.
Je mange un toast avec du beurre.
Je mange un toast avec du beurre et de la confiture.

I am eating a sandwich.
I am eating a sandwich with margarine.
I am eating a sandwich with margarine and tomatoes.

Je mange un sandwich.
Je mange un sandwich à la margarine.
Je mange un sandwich à la margarine et aux tomates.

We need bread and rice.
We need fish and steaks.
We need pizza and spaghetti.

Nous avons besoin de pain et de riz.
Nous avons besoin de poissons et de steaks.
Nous avons besoin de pizza et de spaghetti.

What else do we need?
We need carrots and tomatoes for the soup.

Avons-nous besoin d'autre chose ?
Nous avons besoin de carottes et de tomates pour la soupe.

Where is the supermarket?

Où est le supermarché ?

16 [sixteen]

Seasons and Weather

16 [seize]

Les saisons et le temps

These are the seasons:
Spring, summer,
autumn / fall (am.) and winter.

The summer is warm.
The sun shines in summer.
We like to go for a walk in summer.

The winter is cold.
It snows or rains in winter.
We like to stay home in winter.

It is cold.
It is raining.
It is windy.

It is warm.
It is sunny.
It is pleasant.

What is the weather like today?
It is cold today.
It is warm today.

Voici les saisons:
Le printemps, l'été,
l'automne et l'hiver.

L'été est chaud.
En été, le soleil brille.
En été, nous aimons nous promener.

L'hiver est froid.
En hiver, il neige ou il pleut.
En hiver, nous aimons rester à la maison.

Il fait froid.
Il pleut.
Il y a du vent.

Il fait chaud.
C'est ensoleillé.
C'est gai.

Comment est le temps aujourd'hui ?
Il fait froid aujourd'hui.
Il fait chaud aujourd'hui.

17 [seventeen]

Around the house

17 [dix-sept]

A la maison

Our house is here.	Voici notre maison.
The roof is on top.	Le toit est en haut.
The basement is below.	La cave est en bas.
There is a garden behind the house.	Il y a un jardin derrière la maison.
There is no street in front of the house.	Aucune rue ne passe devant la maison.
There are trees next to the house.	Il y a des arbres à côté de la maison.
My apartment is here.	Voici mon appartement.
The kitchen and bathroom are here.	Voici la cuisine et la salle de bain.
The living room and bedroom are there.	Voilà la salle de séjour et la chambre à coucher.
The front door is closed.	La porte d'entrée est fermée.
But the windows are open.	Mais les fenêtres sont ouvertes.
It is hot today.	Il fait chaud aujourd'hui.
We are going to the living room.	Nous allons dans la salle de séjour.
There is a sofa and an armchair there.	Il y a un sofa et un fauteuil.
Please, sit down!	Asseyez-vous !
My computer is there.	Mon ordinateur est là-bas.
My stereo is there.	Ma chaîne stéréo est là-bas.
The TV set is brand new.	La télévision est toute neuve.

18 [eighteen] | 18 [dix-huit]

House cleaning | Faire le ménage

Today is Saturday. We have time today. We are cleaning the apartment today.	Aujourd'hui, nous sommes Samedi. Aujourd'hui, nous avons le temps. Aujourd'hui, nous faisons le ménage dans l'appartement.
I am cleaning the bathroom. My husband is washing the car. The children are cleaning the bicycles.	Je nettoie la salle de bain. Mon mari lave la voiture. Les enfants nettoient les vélos.
Grandma is watering the flowers. The children are cleaning up the children's room. My husband is tidying up his desk.	Mamie arrose les fleurs. Les enfants rangent la chambre des enfants. Mon mari range son bureau.
I am putting the laundry in the washing machine. I am hanging up the laundry. I am ironing the clothes.	Je mets le linge dans la machine à laver. Je mets le linge à sécher. Je repasse le linge.
The windows are dirty. The floor is dirty. The dishes are dirty.	Les fenêtres sont sales. Le plancher est sale. La vaisselle est sale.
Who washes the windows? Who does the vacuuming? Who does the dishes?	Qui nettoie les vitres ? Qui passe l'aspirateur ? Qui fait la vaisselle ?

19 [nineteen]

19 [dix-neuf]

In the kitchen

Dans la cuisine

Do you have a new kitchen?
What do you want to cook today?
Do you cook on an electric or a gas stove?

As-tu une nouvelle cuisine ?
Que veux-tu cuisiner aujourd'hui ?
Ta cuisinière est-elle électrique ou au gaz ?

Shall I cut the onions?
Shall I peel the potatoes?
Shall I rinse the lettuce?

Veux-tu que je coupe les oignons ?
Veux-tu que j'épluche les pommes de terre ?
Veux-tu que je lave la salade ?

Where are the glasses?
Where are the dishes?
Where is the cutlery / silverware (am.)?

Où sont les verres ?
Où est le service ?
Où sont les couverts ?

Do you have a tin opener / can opener (am.)?
Do you have a bottle opener?
Do you have a corkscrew?

As-tu un ouvre-boîte ?
As-tu un décapsuleur ?
As-tu un tire-bouchon ?

Are you cooking the soup in this pot?
Are you frying the fish in this pan?
Are you grilling the vegetables on this grill?

Prépares-tu la soupe dans cette casserole ?
Fais-tu frire le poisson dans cette poêle ?
Fais-tu griller les légumes sur ce barbecue ?

I am setting the table.
Here are the knives, the forks and the spoons.
Here are the glasses, the plates and the napkins.

Je mets la table.
Voici les couteaux, les fourchettes et les cuillères.
Voici les verres, les assiettes et les serviettes.

20 [twenty]

Small Talk 1

20 [vingt]

Conversation 1

Make yourself comfortable! Please, feel right at home! What would you like to drink?	Mettez-vous à votre aise ! Faites comme chez vous ! Que voulez-vous boire ?
Do you like music? I like classical music. These are my CD's.	Aimez-vous la musique ? J'aime la musique classique. Mes CD sont ici.
Do you play a musical instrument? This is my guitar. Do you like to sing?	Jouez-vous d'un instrument de musique ? Voici ma guitare. Aimez-vous chanter ?
Do you have children? Do you have a dog? Do you have a cat?	Avez-vous des enfants ? Avez-vous un chien ? Avez-vous un chat ?
These are my books. I am currently reading this book. What do you like to read?	Voici mes livres. En ce moment, je lis ce livre. Qu'est-ce que vous aimez lire ?
Do you like to go to concerts? Do you like to go to the theatre / theater (am.)? Do you like to go to the opera?	Aimez-vous aller au concert ? Aimez-vous aller au théâtre ? Aimez-vous aller à l'opéra ?

21 [twenty-one] | 21 [vingt et un]

Small Talk 2 | Conversation 2

Where do you come from?	D'où venez-vous ?
From Basel.	De Bâle.
Basel is in Switzerland.	Bâle se trouve en Suisse.
May I introduce Mr. Miller?	Puis-je vous présenter Monsieur Muller ?
He is a foreigner.	Il est étranger.
He speaks several languages.	Il parle plusieurs langues.
Are you here for the first time?	Est-ce la première fois que vous êtes ici ?
No, I was here once last year.	Non, j'y étais déjà l'an dernier.
Only for a week, though.	Mais seulement pour une semaine.
How do you like it here?	Comment vous plaisez-vous chez nous ?
A lot. The people are nice.	Beaucoup. Les gens sont très sympathiques.
And I like the scenery, too.	Et le paysage me plaît aussi.
What is your profession?	Quel est votre profession ?
I am a translator.	Je suis traducteur / traductrice.
I translate books.	Je traduis des livres.
Are you alone here?	Êtes-vous seul ici ?
No, my wife / my husband is also here.	Non, ma femme / mon mari est aussi ici.
And those are my two children.	Et voici mes deux enfants.

22 [twenty-two]

22 [vingt-deux]

Small Talk 3

Conversation 3

Do you smoke?
I used to.
But I don't smoke anymore.

Est-ce que vous fumez ?
Autrefois, oui.
Mais maintenant, je ne fume plus.

Does it disturb you if I smoke?
No, absolutely not.
It doesn't disturb me.

Est-ce que ça vous dérange si je fume ?
Non, pas du tout.
Ça ne me dérange pas.

Will you drink something?
A brandy?
No, preferably a beer.

Prendriez-vous quelque chose à boire ?
Un cognac ?
Non, plutôt une bière.

Do you travel a lot?
Yes, mostly on business trips.
But now we're on holiday.

Voyagez-vous beaucoup ?
Oui, mais ce sont principalement des voyages d'affaires.
Mais maintenant, nous sommes en vacances.

It's so hot!
Yes, today it's really hot.
Let's go to the balcony.

Quelle chaleur !
Oui, aujourd'hui il fait vraiment chaud.
Allons sur le balcon.

There's a party here tomorrow.
Are you also coming?
Yes, we've also been invited.

Demain, il y aura une fête.
Est-ce que vous y venez aussi ?
Oui, nous y sommes aussi invités.

23 [twenty-three]

Learning foreign languages

23 [vingt-trois]

Apprendre des langues étrangères

Where did you learn Spanish?
Can you also speak Portuguese?
Yes, and I also speak some Italian.

I think you speak very well.
The languages are quite similar.
I can understand them well.

But speaking and writing is difficult.
I still make many mistakes.
Please correct me each time.

Your pronunciation is very good.
You only have a slight accent.
One can tell where you come from.

What is your mother tongue / native language (am.)?
Are you taking a language course?
Which textbook are you using?

I don't remember the name right now.
The title is not coming to me.
I've forgotten it.

Où avez-vous appris l'espagnol ?
Parlez-vous également portugais ?
Oui, et je parle aussi un peu l'italien.

Je trouve que vous parlez très bien.
Les langues se ressemblent.
Je peux bien les comprendre.

Mais les parler et les écrire est difficile.
Je fais encore beaucoup de fautes.
N'hésitez pas à me corriger s'il vous plait.

Votre prononciation est très bonne.
Vous avez un léger accent.
On devine d'où vous venez.

Quelle est votre langue maternelle ?

Suivez-vous des cours de langue ?
Quel matériel utilisez-vous ?

Pour le moment, je ne m'en souviens plus.
Le titre ne me revient pas.
Je l'ai oublié.

24 [twenty-four]

Appointment

24 [vingt-quatre]

Le rendez-vous

Did you miss the bus?	As-tu raté le bus ?
I waited for you for half an hour.	Je t'ai attendu pendant une demi-heure.
Don't you have a mobile / cell phone (am.) with you?	As-tu oublié d'amener ton portable avec toi ?
Be punctual next time!	Sois plus ponctuel(le) la prochaine fois !
Take a taxi next time!	Prends un taxi la prochaine fois !
Take an umbrella with you next time!	Amène un parapluie la prochaine fois !
I have the day off tomorrow.	Je suis libre demain.
Shall we meet tomorrow?	Pouvons-nous nous rencontrer demain ?
I'm sorry, I can't make it tomorrow.	Je suis désolé(e), demain cela ne me convient pas.
Do you already have plans for this weekend?	As-tu déjà prévu quelque chose ce week-end ?
Or do you already have an appointment?	Ou as-tu déjà un rendez-vous ?
I suggest that we meet on the weekend.	Je propose que nous nous rencontrions ce week-end.
Shall we have a picnic?	Voulez-vous faire un pique-nique ?
Shall we go to the beach?	Voulez-vous aller à la plage ?
Shall we go to the mountains?	Voulez-vous aller à la montagne ?
I will pick you up at the office.	Je viens te chercher au bureau.
I will pick you up at home.	Je viens te chercher à la maison.
I will pick you up at the bus stop.	Je viens te chercher à l'arrêt de bus.

25 [twenty-five]

25 [vingt-cinq]

In the city

En ville

I would like to go to the station.	Je voudrais aller à la gare.
I would like to go to the airport.	Je voudrais aller à l'aéroport.
I would like to go to the city centre / center (am.).	Je voudrais aller dans le centre-ville.
How do I get to the station?	Comment vais-je à la gare ?
How do I get to the airport?	Comment vais-je à l'aéroport ?
How do I get to the city centre / center (am.)?	Comment vais-je dans le centre-ville ?
I need a taxi.	J'ai besoin d'un taxi.
I need a city map.	J'ai besoin d'un plan de la ville.
I need a hotel.	J'ai besoin d'un hôtel.
I would like to rent a car.	Je voudrais louer une voiture.
Here is my credit card.	Voici ma carte de crédit.
Here is my licence / license (am.).	Voici mon permis de conduire.
What is there to see in the city?	Que faut-il visiter dans la ville ?
Go to the old city.	Allez dans la vieille ville.
Go on a city tour.	Faites une visite guidée.
Go to the harbour / harbor (am.).	Allez au port.
Go on a harbour / harbor (am.) tour.	Faites un tour du port.
Are there any other places of interest?	Quelles autres attractions touristiques y-a-t-il encore ?

26 [twenty-six]

In nature

26 [vingt-six]

Dans la nature

Do you see the tower there? — Vois-tu la tour ?
Do you see the mountain there? — Vois-tu la montagne ?
Do you see the village there? — Vois-tu le village ?

Do you see the river there? — Vois-tu la rivière ?
Do you see the bridge there? — Vois-tu le pont ?
Do you see the lake there? — Vois-tu le lac ?

I like that bird. — Cet oiseau me plaît.
I like that tree. — Cet arbre me plaît.
I like this stone. — Cette pierre me plaît.

I like that park. — Ce parc me plaît.
I like that garden. — Ce jardin me plaît.
I like this flower. — Cette fleur me plaît.

I find that pretty. — Je trouve ça joli.
I find that interesting. — Je trouve ça intéressant.
I find that gorgeous. — Je trouve ça magnifique.

I find that ugly. — Je trouve ça laid.
I find that boring. — Je trouve ça ennuyeux.
I find that terrible. — Je trouve ça affreux.

27 [twenty-seven]

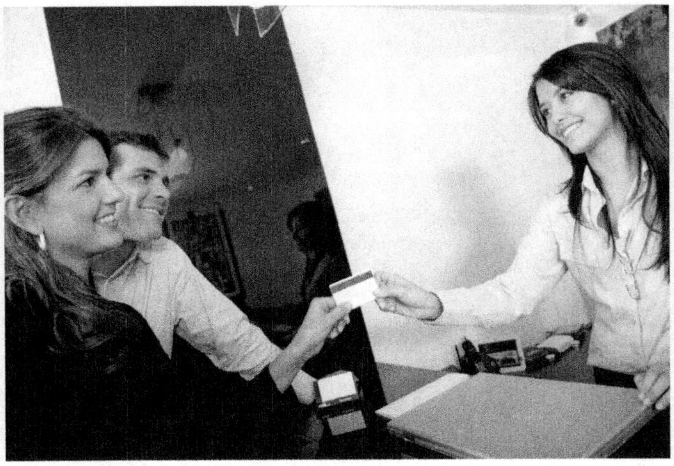

27 [vingt-sept]

In the hotel – Arrival

A l'hôtel – Arrivée

Do you have a vacant room?	Avez-vous une chambre libre ?
I have booked a room.	J'ai réservé une chambre.
My name is Miller.	Mon nom est Muller.
I need a single room.	J'ai besoin d'une chambre simple.
I need a double room.	J'ai besoin d'une chambre double.
What does the room cost per night?	Combien coûte la chambre pour la nuit ?
I would like a room with a bathroom.	Je voudrais une chambre avec bain.
I would like a room with a shower.	Je voudrais une chambre avec douche.
Can I see the room?	Puis-je voir la chambre ?
Is there a garage here?	Y a-t-il un garage ici ?
Is there a safe here?	Y a-t-il un coffre-fort ici ?
Is there a fax machine here?	Y a-t-il un fax ici ?
Fine, I'll take the room.	Bon, je prends la chambre.
Here are the keys.	Voici les clefs.
Here is my luggage.	Voici mes bagages.
What time do you serve breakfast?	A quelle heure est servi le petit déjeuner ?
What time do you serve lunch?	A quelle heure est servi le déjeuner ?
What time do you serve dinner?	A quelle heure est servi le dîner ?

28 [twenty-eight]

28 [vingt-huit]

In the hotel – Complaints

A l'hôtel – Réclamations

The shower isn't working.	La douche ne fonctionne pas.
There is no warm water.	Il n'y a pas d'eau chaude.
Can you get it repaired?	Pouvez-vous réparer ça ?
There is no telephone in the room.	Il n'y a pas de téléphone dans la chambre.
There is no TV in the room.	Il n'y a pas de télévision dans la chambre.
The room has no balcony.	La chambre n'a pas de balcon.
The room is too noisy.	La chambre est trop bruyante.
The room is too small.	La chambre est trop petite.
The room is too dark.	La chambre est trop sombre.
The heater isn't working.	Le chauffage ne fonctionne pas.
The air-conditioning isn't working.	La climatisation ne fonctionne pas.
The TV isn't working.	La télévision est cassée.
I don't like that.	Ça ne me plaît pas.
That's too expensive.	C'est trop cher pour moi.
Do you have anything cheaper?	Avez-vous quelque chose de moins cher ?
Is there a youth hostel nearby?	Est-ce qu'il y a une auberge de jeunesse dans les environs ?
Is there a boarding house / a bed and breakfast nearby?	Est-ce qu'il y a une pension de famille dans les environs ?
Is there a restaurant nearby?	Est-ce qu'il y a un restaurant dans les environs ?

29 [twenty-nine]

At the restaurant 1

29 [vingt-neuf]

Au restaurant 1

Is this table taken?
I would like the menu, please.
What would you recommend?

I'd like a beer.
I'd like a mineral water.
I'd like an orange juice.

I'd like a coffee.
I'd like a coffee with milk.
With sugar, please.

I'd like a tea.
I'd like a tea with lemon.
I'd like a tea with milk.

Do you have cigarettes?
Do you have an ashtray?
Do you have a light?

I'm missing a fork.
I'm missing a knife.
I'm missing a spoon.

Est-ce que cette table est libre ?
Je désirerais la carte.
Qu'est ce que vous nous recommandez ?

J'aimerais une bière.
J'aimerais une eau minérale.
J'aimerais un jus d'orange.

J'aimerais un café.
J'aimerais un café au lait.
Avec du sucre, s'il vous plaît.

Je désirerais un thé.
Je désirerais un thé au citron.
Je désirerais un thé au lait.

Avez-vous des cigarettes ?
Avez-vous un cendrier ?
Avez-vous du feu ?

Je n'ai pas de fourchette.
Je n'ai pas de couteau.
Je n'ai pas de cuillère.

30 [thirty]

30 [trente]

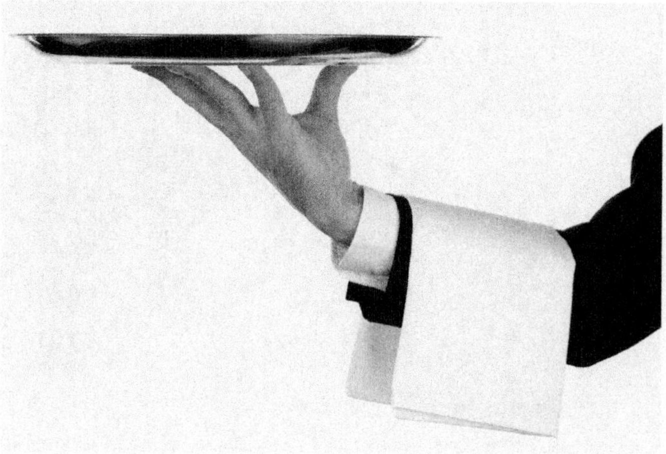

At the restaurant 2

Au restaurant 2

An apple juice, please. A lemonade, please. A tomato juice, please.	Un jus de pomme, s'il vous plaît. Une limonade, s'il vous plaît. Un jus de tomate, s'il vous plaît.
I'd like a glass of red wine. I'd like a glass of white wine. I'd like a bottle of champagne.	J'aimerais un verre de vin rouge. J'aimerai un verre de vin blanc. J'aimerais une bouteille de champagne.
Do you like fish? Do you like beef? Do you like pork?	Aimes-tu le poisson ? Aimes-tu le bœuf ? Aimes-tu le porc ?
I'd like something without meat. I'd like some mixed vegetables. I'd like something that won't take much time.	Je désirerais un plat sans viande. Je désirerais un plat de légumes. Je désirerais quelque chose qui ne prend pas longtemps.
Would you like that with rice? Would you like that with pasta? Would you like that with potatoes?	Voulez-vous du riz en accompagnement ? Voulez-vous des nouilles en accompagnement ? Voulez-vous des pommes de terre en accompagnement ?
That doesn't taste good. The food is cold. I didn't order this.	Ça ne me plaît pas. La nourriture est froide. Ce n'est pas ce que j'ai commandé.

31 [thirty-one]

At the restaurant 3

31 [trente et un]

Au restaurant 3

I would like a starter.
I would like a salad.
I would like a soup.

Je voudrais une entrée.
Je voudrais une salade.
Je voudrais une soupe.

I would like a dessert.
I would like an ice cream with whipped cream.
I would like some fruit or cheese.

Je voudrais un dessert.
Je voudrais une glace avec de la crème chantilly.
Je voudrais un fruit ou du fromage.

We would like to have breakfast.
We would like to have lunch.
We would like to have dinner.

Nous voudrions prendre le petit déjeuner.
Nous voudrions déjeuner.
Nous voudrions dîner.

What would you like for breakfast?
Rolls with jam and honey?
Toast with sausage and cheese?

Que désirez-vous pour le petit déjeuner ?
Des petits pains avec de la confiture et du miel ?
Des toasts avec de la saucisse et du fromage ?

A boiled egg?
A fried egg?
An omelette?

Un œuf à la coque ?
Un œuf au plat ?
Une omelette ?

Another yoghurt, please.
Some salt and pepper also, please.
Another glass of water, please.

Encore un yogourt, s'il vous plaît.
Encore du sel et du poivre, s'il vous plaît.
Encore un verre d'eau, s'il vous plaît.

32 [thirty-two]

32 [trente-deux]

At the restaurant 4

Au restaurant 4

I'd like chips / French fries (am.) with ketchup.
And two with mayonnaise.
And three sausages with mustard.

Une portion de frites avec du ketchup.
Et deux avec de la mayonnaise.
Et trois saucisses grillées avec de la moutarde.

What vegetables do you have?
Do you have beans?
Do you have cauliflower?

Qu'est ce que vous avez comme légumes ?
Avez-vous des haricots ?
Avez-vous du chou-fleur ?

I like to eat (sweet) corn.
I like to eat cucumber.
I like to eat tomatoes.

J'aime bien le maïs.
J'aime bien le concombre.
J'aime bien les tomates.

Do you also like to eat leek?
Do you also like to eat sauerkraut?
Do you also like to eat lentils?

Aimez-vous aussi le poireau ?
Aimez-vous aussi la choucroute ?
Aimez-vous aussi les lentilles ?

Do you also like to eat carrots?
Do you also like to eat broccoli?
Do you also like to eat peppers?

Aimes-tu aussi les carottes ?
Aimes-tu aussi les brocolis ?
Aimes-tu aussi le poivron ?

I don't like onions.
I don't like olives.
I don't like mushrooms.

Je n'aime pas les oignons.
Je n'aime pas les olives.
Je n'aime pas les champignons.

33 [thirty-three]

At the train station

33 [trente-trois]

A la gare

When is the next train to Berlin?
When is the next train to Paris?
When is the next train to London?

Quand part le prochain train pour Berlin ?
Quand part le prochain train pour Paris ?
Quand part le prochain train pour Londres ?

When does the train for Warsaw leave?
When does the train for Stockholm leave?
When does the train for Budapest leave?

A quelle heure part le train pour Varsovie ?
A quelle heure part le train pour Stockholm ?
A quelle heure part le train pour Budapest ?

I'd like a ticket to Madrid.
I'd like a ticket to Prague.
I'd like a ticket to Bern.

Je voudrais un billet pour Madrid.
Je voudrais un billet pour Prague.
Je voudrais un billet pour Berne.

When does the train arrive in Vienna?
When does the train arrive in Moscow?
When does the train arrive in Amsterdam?

Quand est-ce que le train arrive à Vienne ?
Quand est-ce que le train arrive à Moscou ?
Quand est-ce que le train arrive à Amsterdam ?

Do I have to change trains?
From which platform does the train leave?
Does the train have sleepers?

Est-ce que je dois changer de train ?
De quel quai part le train ?
Y a-t-il un wagon-lit dans le train ?

I'd like a one-way ticket to Brussels.
I'd like a return ticket to Copenhagen.
What does a berth in the sleeper cost?

Je voudrais un aller simple pour Bruxelles.
Je voudrais un aller-retour pour Copenhague.
Combien coûte une place en wagon-lit ?

34 [thirty-four]

34 [trente-quatre]

On the train

Dans le train

Is that the train to Berlin?
When does the train leave?
When does the train arrive in Berlin?

Est-ce que c'est le train pour Berlin ?
Quand est-ce que le train part ?
Quand est-ce que le train arrive à Berlin ?

Excuse me, may I pass?
I think this is my seat.
I think you're sitting in my seat.

Pardon, est-ce que je pourrais passer ?
Je crois que c'est ma place.
Je crois que vous êtes assis à ma place.

Where is the sleeper?
The sleeper is at the end of the train.
And where is the dining car? – At the front.

Où est le wagon-lit ?
Le wagon-lit est en queue de train.
Et où est le wagon-restaurant ? – En tête.

Can I sleep below?
Can I sleep in the middle?
Can I sleep at the top?

Puis-je dormir en bas ?
Puis-je dormir au milieu ?
Puis-je dormir en haut ?

When will we get to the border?
How long does the journey to Berlin take?
Is the train delayed?

Quand serons-nous à la frontière ?
Combien de temps dure le trajet jusqu'à Berlin ?
Le train a-t-il du retard ?

Do you have something to read?
Can one get something to eat and to drink here?
Could you please wake me up at 7 o'clock?

Avez-vous quelque chose à lire ?
Peut-on avoir quelque chose à manger et à boire ici ?
Pouvez-vous me réveiller à 7 heures ?

35 [thirty-five] | 35 [trente-cinq]

At the airport | A l'aéroport

I'd like to book a flight to Athens. | Je voudrais réserver une place sur le vol pour Athènes.
Is it a direct flight? | Est-ce que c'est un vol direct ?
A window seat, non-smoking, please. | Une place près du hublot non fumeur, s'il vous plaît.

I would like to confirm my reservation. | Je voudrais confirmer ma réservation.
I would like to cancel my reservation. | Je voudrais annuler ma réservation.
I would like to change my reservation. | Je voudrais modifier ma réservation.

When is the next flight to Rome? | Quand part le prochain avion pour Rome ?
Are there two seats available? | Y a-t-il encore deux places de libre ?
No, we have only one seat available. | Non, nous n'avons plus qu'une place de libre.

When do we land? | Quand est-ce que nous atterrissons ?
When will we be there? | Quand serons-nous là-bas ?
When does a bus go to the city centre / center (am.)? | Quand est-ce qu'un bus part pour le centre-ville ?

Is that your suitcase? | C'est votre valise ?
Is that your bag? | C'est votre sac ?
Is that your luggage? | Ce sont vos bagages ?

How much luggage can I take? | Combien de bagages puis-je emporter ?
Twenty kilos. | Vingt kilos.
What? Only twenty kilos? | Quoi, seulement vingt kilos ?

36 [thirty-six]

Public transportation

36 [trente-six]

Les transports publics

Where is the bus stop?	Où est l'arrêt du bus ?
Which bus goes to the city centre / center (am.)?	Quel bus va dans le centre-ville ?
Which bus do I have to take?	Quelle ligne dois-je prendre ?
Do I have to change?	Est-ce que je dois changer ?
Where do I have to change?	Où dois-je changer ?
How much does a ticket cost?	Combien coûte un billet ?
How many stops are there before downtown / the city centre?	Combien y a-t-il d'arrêts jusqu'au centre-ville ?
You have to get off here.	Vous devez descendre ici.
You have to get off at the back.	Vous devez descendre à l'arrière.
The next train is in 5 minutes.	Le prochain métro arrive dans cinq minutes.
The next tram is in 10 minutes.	Le prochain tram arrive dans dix minutes.
The next bus is in 15 minutes.	Le prochain bus arrive dans quinze minutes.
When is the last train?	Quand part le dernier métro ?
When is the last tram?	Quand part le dernier tram ?
When is the last bus?	Quand part le dernier bus ?
Do you have a ticket?	Avez-vous un billet ?
A ticket? – No, I don't have one.	Un billet ? – Non, je n'en ai pas.
Then you have to pay a fine.	Alors vous devez payer une amende.

37 [thirty-seven] | 37 [trente-sept]

En route | En route

He drives a motorbike.	Il va en moto.
He rides a bicycle.	Il va à bicyclette.
He walks.	Il va à pied.
He goes by ship.	Il va en bateau.
He goes by boat.	Il va en barque.
He swims.	Il nage.
Is it dangerous here?	Est-ce que c'est dangereux ici ?
Is it dangerous to hitchhike alone?	Est-ce que c'est dangereux de faire seul de l'auto-stop ?
Is it dangerous to go for a walk at night?	Est-ce que c'est dangereux de se promener la nuit ?
We got lost.	Nous nous sommes trompés de chemin.
We're on the wrong road.	Nous sommes sur le mauvais chemin.
We must turn around.	Nous devons faire demi-tour.
Where can one park here?	Où peut-on se garer ?
Is there a parking lot here?	Y a-t-il un parking ici ?
How long can one park here?	Combien de temps peut-on se garer ici ?
Do you ski?	Faites-vous du ski ?
Do you take the ski lift to the top?	Est-ce que tu montes avec le téléski ?
Can one rent skis here?	Est-ce qu'on peut louer des skis ici ?

38 [thirty-eight]

38 [trente-huit]

In the taxi

En taxi

Please call a taxi.	Veuillez m'appeler un taxi, s'il vous plaît.
What does it cost to go to the station?	Combien est-ce que ça coûte jusqu'à la gare ?
What does it cost to go to the airport?	Combien est-ce que ça coûte jusqu'à l'aéroport ?
Please go straight ahead.	Tout droit, s'il vous plaît.
Please turn right here.	A droite, s'il vous plaît.
Please turn left at the corner.	Prenez la première à gauche au coin, s'il vous plaît.
I'm in a hurry.	Je suis pressé.
I have time.	J'ai le temps.
Please drive slowly.	Allez plus lentement, s'il vous plaît.
Please stop here.	Arrêtez-vous ici, s'il vous plaît.
Please wait a moment.	Attendez un moment, s'il vous plaît.
I'll be back immediately.	Je reviens tout de suite.
Please give me a receipt.	Donnez-moi un reçu, s'il vous plaît.
I have no change.	Je n'ai pas de monnaie.
That is okay, please keep the change.	C'est bon, gardez la monnaie.
Drive me to this address.	Conduisez-moi à cette adresse.
Drive me to my hotel.	Conduisez-moi à cet hôtel.
Drive me to the beach.	Conduisez-moi à la plage.

39 [thirty-nine]

Car breakdown

39 [trente-neuf]

La panne de voiture

Where is the next gas station?
I have a flat tyre / tire (am.).
Can you change the tyre / tire (am.)?

Où est la station-service la plus proche ?
J'ai un pneu crevé.
Pouvez-vous changer le pneu ?

I need a few litres / liters (am.) of diesel.
I have no more petrol / gas (am.).
Do you have a petrol can / jerry can / gas can (am.)?

J'ai besoin de quelques litres de diesel.
Je n'ai plus d'essence.
Avez-vous un jerrican ?

Where can I make a call?
I need a towing service.
I'm looking for a garage.

Où puis-je téléphoner ?
J'ai besoin d'un service de dépannage.
Je cherche un garage.

An accident has occurred.
Where is the nearest telephone?
Do you have a mobile / cell phone (am.) with you?

Un accident s'est produit.
Où est le téléphone le plus proche ?
Avez-vous sur vous un téléphone portable ?

We need help.
Call a doctor!
Call the police!

Nous avons besoin d'aide.
Appelez un médecin !
Appelez la police !

Your papers, please.
Your licence / license (am.), please.
Your registration, please.

Vos papiers, s'il vous plaît.
Votre permis de conduire, s'il vous plaît.
Votre carte grise, s'il vous plaît.

40 [forty]

Asking for directions

40 [quarante]

Demander le chemin

Excuse me!	Excusez-moi !
Can you help me?	Pourriez-vous m'aider ?
Is there a good restaurant around here?	Où y-a-t-il un bon restaurant aux alentours ?
Take a left at the corner.	Tournez à gauche au coin de la rue.
Then go straight for a while.	Ensuite allez un peu tout droit.
Then go right for a hundred metres / meters (am.).	Faîtes ensuite cent mètres et tournez à droite.
You can also take the bus.	Vous pouvez aussi prendre le bus.
You can also take the tram.	Vous pouvez aussi prendre le tram.
You can also follow me with your car.	Vous pouvez aussi me suivre en voiture.
How do I get to the football / soccer (am.) stadium?	Comment vais-je au stade de football ?
Cross the bridge!	Traversez le pont !
Go through the tunnel!	Passez par le tunnel !
Drive until you reach the third traffic light.	Allez jusqu'au troisième feu de signalisation.
Then turn into the first street on your right.	Tournez ensuite à la première rue à droite.
Then drive straight through the next intersection.	Continuez ensuite tout droit au prochain carrefour.
Excuse me, how do I get to the airport?	Excusez-moi, comment vais-je à l'aéroport ?
It is best if you take the underground / subway (am.).	Le mieux, c'est de prendre le métro.
Simply get out at the last stop.	Descendez simplement au terminus.

41 [forty-one]

41 [quarante et un]

Where is ... ?

Demander le chemin

Where is the tourist information office?
Do you have a city map for me?
Can one reserve a room here?

Où est le syndicat d'initiative ?
Pourriez-vous me procurer un plan de la ville ?
Peut-on réserver une chambre d'hôtel ici ?

Where is the old city?
Where is the cathedral?
Where is the museum?

Où est la vieille ville ?
Où est la cathédrale ?
Où est le musée ?

Where can one buy stamps?
Where can one buy flowers?
Where can one buy tickets?

Où peut-on acheter des timbres ?
Où peut-on acheter des fleurs ?
Où peut-on acheter des billets ?

Where is the harbour / harbor (am.)?
Where is the market?
Where is the castle?

Où est le port ?
Où est le marché ?
Où est le château ?

When does the tour begin?
When does the tour end?
How long is the tour?

Quand commence la visite ?
Quand se termine la visite ?
Combien de temps dure la visite ?

I would like a guide who speaks German.
I would like a guide who speaks Italian.
I would like a guide who speaks French.

Je voudrais un guide qui parle allemand.
Je voudrais un guide qui parle italien.
Je voudrais un guide qui parle français.

42 [forty-two]

42 [quarante-deux]

City tour

La visite de la ville

Is the market open on Sundays?
Is the fair open on Mondays?
Is the exhibition open on Tuesdays?

Est-ce que le marché est ouvert le dimanche ?
Est-ce que la foire est ouverte le lundi ?
Est-ce que l'exposition est ouverte le mardi ?

Is the zoo open on Wednesdays?
Is the museum open on Thursdays?
Is the gallery open on Fridays?

Le zoo ouvre-t-il le mercredi ?
Le musée ouvre-t-il le jeudi ?
La galerie ouvre-t-elle le vendredi ?

Can one take photographs?
Does one have to pay an entrance fee?
How much is the entrance fee?

Peut-on photographier ?
L'entrée est-elle payante ?
Combien coûte l'entrée ?

Is there a discount for groups?
Is there a discount for children?
Is there a discount for students?

Y a-t-il une réduction pour les groupes ?
Y a-t-il une réduction pour les enfants ?
Y a-t-il une réduction pour les étudiants ?

What building is that?
How old is the building?
Who built the building?

Quel est ce bâtiment ?
De quand date ce bâtiment ?
Qui a construit ce bâtiment ?

I'm interested in architecture.
I'm interested in art.
I'm interested in paintings.

Je m'intéresse à l'architecture.
Je m'intéresse à l'art.
Je m'intéresse à la peinture.

43 [forty-three]

At the zoo

43 [quarante-trois]

Au zoo

The zoo is there.	Le zoo est là-bas.
The giraffes are there.	Les girafes sont là-bas.
Where are the bears?	Où sont les ours ?
Where are the elephants?	Où sont les éléphants ?
Where are the snakes?	Où sont les serpents ?
Where are the lions?	Où sont les lions ?
I have a camera.	J'ai un appareil photo.
I also have a video camera.	J'ai aussi une caméra-vidéo.
Where can I find a battery?	Où puis-je trouver des piles ?
Where are the penguins?	Où sont les pingouins ?
Where are the kangaroos?	Où sont les kangourous ?
Where are the rhinos?	Où sont les rhinocéros ?
Where is the toilet / restroom (am.)?	Où sont les toilettes ?
There is a café over there.	Il y a un café là-bas.
There is a restaurant over there.	Il y a un restaurant là-bas.
Where are the camels?	Où sont les chameaux ?
Where are the gorillas and the zebras?	Où sont les gorilles et les zèbres ?
Where are the tigers and the crocodiles?	Où sont les tigres et les crocodiles ?

44 [forty-four]

Going out in the evening

44 [quarante-quatre]

Sortir le soir

Is there a disco here?	Où y a-t-il une discothèque ?
Is there a nightclub here?	Où y a-t-il une boîte de nuit ?
Is there a pub here?	Où y a-t-il un bistrot ?
What's playing at the theatre / theater (am.) this evening?	Qu'est-ce qu'il y a ce soir au théâtre ?
What's playing at the cinema / movies (am.) this evening?	Qu'est ce qu'il y a ce soir au cinéma ?
What's on TV this evening?	Qu'est-ce qu'il y a ce soir à la télévision ?
Are tickets for the theatre / theater (am.) still available?	Est-ce qu'il y a encore des places pour le théâtre ?
Are tickets for the cinema / movies (am.) still available?	Est-ce qu'il y a encore des places pour le cinéma ?
Are tickets for the football / soccer am. game still available?	Est-ce qu'il y a encore des places pour le match de football ?
I want to sit in the back.	Je voudrais une place tout au fond.
I want to sit somewhere in the middle.	Je voudrais une place au milieu.
I want to sit at the front.	Je voudrais une place tout devant.
Could you recommend something?	Pouvez-vous me recommander quelque chose ?
When does the show begin?	Quand commence la présentation ?
Can you get me a ticket?	Pouvez-vous me procurer un billet ?
Is there a golf course nearby?	Est-ce qu'il y a un terrain de golf à proximité ?
Is there a tennis court nearby?	Est- ce qu'il y a un court de tennis à proximité ?
Is there an indoor swimming pool nearby?	Est-ce qu'il y a une piscine couverte à proximité ?

45 [forty-five]

At the cinema

45 [quarante-cinq]

Au cinéma

We want to go to the cinema.	Nous voulons aller au cinéma.
A good film is playing today.	Aujourd'hui il y a un bon film.
The film is brand new.	Le film est tout nouveau.
Where is the cash register?	Où est la caisse ?
Are seats still available?	Y-a-t-il encore des places de libre ?
How much are the admission tickets?	Combien coûtent les billets d'entrée ?
When does the show begin?	Quand commence la séance ?
How long is the film?	Combien de temps dure le film ?
Can one reserve tickets?	Peut-on réserver des billets d'entrée ?
I want to sit at the back.	Je voudrais une place à l'arrière.
I want to sit at the front.	Je voudrais une place à l'avant.
I want to sit in the middle.	Je voudrais une place au milieu.
The film was exciting.	Le film était captivant.
The film was not boring.	Le film n'était pas ennuyeux.
But the book on which the film was based was better.	Mais le livre était mieux que le film.
How was the music?	Comment était la musique ?
How were the actors?	Comment étaient les acteurs ?
Were there English subtitles?	Y-avait-il des sous-titres en anglais ?

46 [forty-six]

In the discotheque

46 [quarante-six]

A la discothèque

Is this seat taken?
May I sit with you?
Sure.

How do you like the music?
A little too loud.
But the band plays very well.

Do you come here often?
No, this is the first time.
I've never been here before.

Would you like to dance?
Maybe later.
I can't dance very well.

It's very easy.
I'll show you.
No, maybe some other time.

Are you waiting for someone?
Yes, for my boyfriend.
There he is!

Est-ce que cette place est libre ?
Puis-je m'asseoir à côté de vous ?
Je vous en prie.

Comment trouvez-vous la musique ?
Un peu trop forte.
Mais le groupe joue très bien.

Venez-vous souvent ici ?
Non, c'est la première fois.
Je n'y étais encore jamais venue.

Voulez-vous danser ?
Plus tard, peut-être.
Je ne sais pas très bien danser.

C'est très simple.
Je vous montrerai.
Non, plutôt une autre fois.

Est-ce que vous attendez quelqu'un ?
Oui, mon ami.
Il arrive juste derrière nous !

47 [forty-seven]

Preparing a trip

47 [quarante-sept]

Les préparations de voyage

You have to pack our suitcase! Don't forget anything! You need a big suitcase!	Tu dois faire notre valise ! Tu ne dois rien oublier ! Tu as besoin d'une grande valise !
Don't forget your passport! Don't forget your ticket! Don't forget your traveller's cheques / traveler's checks (am.)!	N'oublie pas ton passeport ! N'oublie pas ton billet d'avion ! N'oublie pas tes chèques de voyage !
Take some suntan lotion with you. Take the sun-glasses with you. Take the sun hat with you.	Amène la crème solaire. Amène les lunettes de soleil. Amène le chapeau de soleil.
Do you want to take a road map? Do you want to take a travel guide? Do you want to take an umbrella?	Veux-tu amener une carte routière ? Veux-tu amener un guide de voyage ? Veux-tu amener un parapluie ?
Remember to take pants, shirts and socks. Remember to take ties, belts and sports jackets. Remember to take pyjamas, nightgowns and t-shirts.	Pense aux pantalons, aux chemises et aux chaussettes. Pense aux cravates, aux ceintures et aux vestons. Pense aux pyjamas, aux chemises de nuit et aux t-shirts.
You need shoes, sandals and boots. You need handkerchiefs, soap and a nail clipper. You need a comb, a toothbrush and toothpaste.	Tu as besoin de chaussures, de sandales et de bottes. Tu as besoin de mouchoirs, de savon et d'un coupe-ongles. Tu as besoin d'un peigne, d'une brosse à dents et du dentifrice.

48 [forty-eight]

48 [quarante-huit]

Vacation activities

Les activités de vacances

Is the beach clean?	Est-ce que la plage est propre ?
Can one swim there?	Est-ce qu'on peut se baigner là ?
Isn't it dangerous to swim there?	Est-ce que c'est dangereux de se baigner là ?
Can one rent a sun umbrella / parasol here?	Est-ce qu'on peut louer un parasol ici ?
Can one rent a deck chair here?	Est-ce qu'on peut louer une chaise longue ici ?
Can one rent a boat here?	Est-ce qu'on peut louer un bateau ici ?
I would like to surf.	Je voudrais faire du surf.
I would like to dive.	Je voudrais faire de la plongée.
I would like to water ski.	Je voudrais faire du ski nautique.
Can one rent a surfboard?	Est-ce qu'on peut louer une planche de surf ?
Can one rent diving equipment?	Est-ce qu'on peut louer un équipement de plongée ?
Can one rent water skis?	Est-ce qu'on peut louer des skis nautiques ?
I'm only a beginner.	Je suis seulement un(e) débutant(e).
I'm moderately good.	Je suis moyenne.
I'm pretty good at it.	Je m'y connais déjà bien.
Where is the ski lift?	Où est le téléski ?
Do you have skis?	As-tu amené les skis ?
Do you have ski boots?	As-tu amené les chaussures de ski ?

49 [forty-nine]

49 [quarante-neuf]

Sports

Le sport

Do you exercise?	Pratiques-tu un sport ?
Yes, I need some exercise.	Oui, je dois bouger.
I am a member of a sports club.	Je vais au centre sportif.
We play football / soccer (am.).	Nous jouons au football.
We swim sometimes.	Parfois nous nageons.
Or we cycle.	Ou nous faisons du vélo.
There is a football / soccer (am.) stadium in our city.	Dans notre ville, il y a un stade de football.
There is also a swimming pool with a sauna.	Il y a aussi une piscine avec sauna.
And there is a golf course.	Et il y a un terrain de golf.
What is on TV?	Qu'y a-t-il à la télévision ?
There is a football / soccer (am.) match on now.	Il y a un match de foot.
The German team is playing against the English one.	L'équipe allemande joue contre l'équipe anglaise.
Who is winning?	Qui gagne ?
I have no idea.	Je n'en ai aucune idée.
It is currently a tie.	Pour le moment, c'est match nul.
The referee is from Belgium.	L'arbitre vient de Belgique.
Now there is a penalty.	Maintenant, il y a un penalty.
Goal! One – zero!	But ! Un à zéro !

50 [fifty]

50 [cinquante]

In the swimming pool

A la piscine

It is hot today.
Shall we go to the swimming pool?
Do you feel like swimming?

Il fait chaud aujourd'hui.
Si nous allions à la piscine ?
As-tu envie d'aller nager ?

Do you have a towel?
Do you have swimming trunks?
Do you have a bathing suit?

As-tu une serviette de bain ?
As-tu une culotte de bain ?
As-tu un maillot de bain ?

Can you swim?
Can you dive?
Can you jump in the water?

Sais-tu nager ?
Sais-tu plonger ?
Peux-tu sauter dans l'eau ?

Where is the shower?
Where is the changing room?
Where are the swimming goggles?

Où est la douche ?
Où est la cabine pour se changer ?
Où sont les lunettes de plongée ?

Is the water deep?
Is the water clean?
Is the water warm?

Est-ce que l'eau est profonde ?
Est-ce que l'eau est propre ?
Est-ce que l'eau est chaude ?

I am freezing.
The water is too cold.
I am getting out of the water now.

Je caille.
L'eau est trop froide.
Je sors maintenant de l'eau.

51 [fifty-one]

51 [cinquante et un]

Running errands

Faire des courses

I want to go to the library.	Je veux aller à la bibliothèque.
I want to go to the bookstore.	Je veux aller à la librairie.
I want to go to the newspaper stand.	Je veux aller au kiosque.
I want to borrow a book.	Je veux emprunter un livre.
I want to buy a book.	Je veux acheter un livre.
I want to buy a newspaper.	Je veux acheter un journal.
I want to go to the library to borrow a book.	Je veux aller à la bibliothèque pour emprunter un livre.
I want to go to the bookstore to buy a book.	Je veux aller à la librairie pour acheter un livre.
I want to go to the kiosk / newspaper stand to buy a newspaper.	Je veux aller au kiosque pour acheter un journal.
I want to go to the optician.	Je veux aller chez l'opticien.
I want to go to the supermarket.	Je veux aller au supermarché.
I want to go to the bakery.	Je veux aller chez le boulanger.
I want to buy some glasses.	Je veux acheter une paire de lunettes.
I want to buy fruit and vegetables.	Je veux acheter des fruits et des légumes.
I want to buy rolls and bread.	Je veux acheter des petits pains et du pain.
I want to go to the optician to buy glasses.	Je veux aller chez l'opticien pour acheter une paire de lunettes.
I want to go to the supermarket to buy fruit and vegetables.	Je veux aller au supermarché pour acheter des fruits et des légumes.
I want to go to the baker to buy rolls and bread.	Je veux aller chez le boulanger pour acheter des petits pains et du pain.

52 [fifty-two]

In the department store

52 [cinquante-deux]

Dans le grand magasin

Shall we go to the department store?
I have to go shopping.
I want to do a lot of shopping.

Si nous allions dans le grand magasin ?
Je dois faire des courses.
Je veux acheter beaucoup de chose.

Where are the office supplies?
I need envelopes and stationery.
I need pens and markers.

Où sont les articles de bureau ?
J'ai besoin d'enveloppes et de papier à lettre.
J'ai besoin de stylos et de feutres.

Where is the furniture?
I need a cupboard and a chest of drawers.
I need a desk and a bookshelf.

Où sont les meubles ?
J'ai besoin d'une armoire et d'une commode.
J'ai besoin d'un bureau et d'une étagère.

Where are the toys?
I need a doll and a teddy bear.
I need a football and a chess board.

Où sont les jouets ?
J'ai besoin d'une poupée et d'un ours en peluche.
J'ai besoin d'un ballon de foot et d'un jeu d'échec.

Where are the tools?
I need a hammer and a pair of pliers.
I need a drill and a screwdriver.

Où sont les outils ?
J'ai besoin d'un marteau et d'une pince.
J'ai besoin d'une perceuse et d'un tournevis.

Where is the jewellery / jewelry (am.) department?
I need a chain and a bracelet.
I need a ring and earrings.

Où sont les bijoux ?
J'ai besoin d'une chaîne et d'un bracelet.
J'ai besoin d'une bague et de boucles d'oreilles.

53 [fifty-three]

53 [cinquante-trois]

Shops

Les magasins

We're looking for a sports shop.
We're looking for a butcher shop.
We're looking for a pharmacy / drugstore (am.).

Nous cherchons un magasin d'articles sportifs.
Nous cherchons une boucherie.
Nous cherchons une pharmacie.

We want to buy a football.
We want to buy salami.
We want to buy medicine.

C'est que nous voudrions acheter un ballon de football.
C'est que nous voudrions acheter du salami.
C'est que nous voudrions acheter des médicaments.

We're looking for a sports shop to buy a football.

Nous cherchons un magasin d'articles de sport pour acheter un ballon de football.

We're looking for a butcher shop to buy salami.
We're looking for a drugstore to buy medicine.

Nous cherchons une boucherie pour acheter du salami.
Nous cherchons une pharmacie pour acheter des médicaments.

I'm looking for a jeweller / jeweler (am.).
I'm looking for a photo equipment store.
I'm looking for a confectionery.

Je cherche un bijoutier.
Je cherche un magasin d'articles photographiques.
Je cherche une pâtisserie.

I actually plan to buy a ring.
I actually plan to buy a roll of film.
I actually plan to buy a cake.

C'est que j'ai l'intention d'acheter une bague.
C'est que j'ai l'intention d'acheter une pellicule.
C'est que j'ai l'intention d'acheter une tarte.

I'm looking for a jeweler to buy a ring.
I'm looking for a photo shop to buy a roll of film.
I'm looking for a confectionery to buy a cake.

Je cherche un bijoutier pour acheter une bague.
Je cherche un photographe pour acheter une pellicule.
Je cherche une pâtisserie pour acheter une tarte.

54 [fifty-four]

Shopping

54 [cinquante-quatre]

Faire du shopping

I want to buy a present.
But nothing too expensive.
Maybe a handbag?

Je voudrais acheter un cadeau.
Mais pas trop cher.
Peut-être un sac à main ?

Which color would you like?
Black, brown or white?
A large one or a small one?

Quelle couleur désirez-vous ?
Noir, brun ou blanc ?
Un grand ou un petit ?

May I see this one, please?
Is it made of leather?
Or is it made of plastic?

Est-ce que je peux voir celui-ci ?
Est-il en cuir ?
Ou en matière synthétique ?

Of leather, of course.
This is very good quality.
And the bag is really very reasonable.

En cuir véritable.
C'est de la très bonne qualité.
Et le sac est vraiment à un prix très avantageux.

I like it.
I'll take it.
Can I exchange it if needed?

Il me plaît bien.
Je le prends.
Puis-je éventuellement l'échanger ?

Of course.
We'll gift wrap it.
The cashier is over there.

Bien sur.
Nous vous faisons un paquet cadeau.
La caisse est par derrière.

55 [fifty-five]

55 [cinquante-cinq]

Working

Travailler

What do you do for a living?
My husband is a doctor.
I work as a nurse part-time.

We will soon receive our pension.
But taxes are high.
And health insurance is expensive.

What would you like to become some day?
I would like to become an engineer.
I want to go to college.

I am an intern.
I do not earn much.
I am doing an internship abroad.

That is my boss.
I have nice colleagues.
We always go to the cafeteria at noon.

I am looking for a job.
I have already been unemployed for a year.
There are too many unemployed people in this country.

Que faîtes-vous dans la vie ?
Mon mari est médecin.
Je travaille comme infirmière à mi-temps.

Nous partons bientôt à la retraite.
Mais les impôts sont élevés.
Et l’assurance maladie est chère.

Que veux-tu faire plus tard ?
Je voudrais devenir ingénieur.
Je veux étudier à l’université.

Je suis stagiaire.
Je ne gagne pas beaucoup.
Je fais un stage à l’étranger.

C’est mon chef.
J’ai des collègues sympathiques.
A midi, nous allons toujours à la cantine.

Je cherche du travail.
Je suis au chômage depuis déjà un an.
Il y a trop de chômeurs dans ce pays.

56 [fifty-six]

Feelings

56 [cinquante-six]

Les sentiments

to feel like / want to	avoir envie
We feel like. / We want to.	Nous avons envie.
We don’t feel like. / We do’t want to.	Nous n’avons pas envie.
to be afraid	avoir peur
I’m afraid.	J’ai peur.
I am not afraid.	Je n’ai pas peur.
to have time	avoir le temps
He has time.	Il a le temps.
He has no time.	Il n’a pas le temps.
to be bored	s’ennuyer
She is bored.	Elle s’ennuie.
She is not bored.	Elle ne s’ennuie pas.
to be hungry	avoir faim
Are you hungry?	Avez-vous faim ?
Aren’t you hungry?	N’avez-vous pas faim ?
to be thirsty	avoir soif
They are thirsty.	Ils ont soif.
They are not thirsty.	Ils n’ont pas soif.

57 [fifty-seven]

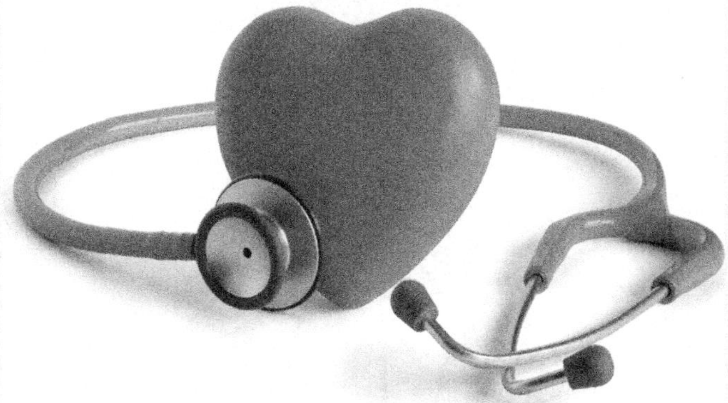

57 [cinquante-sept]

At the doctor

Chez le médecin

I have a doctor's appointment.
I have the appointment at ten o'clock.
What is your name?

J'ai rendez-vous chez le docteur.
J'ai rendez-vous à dix heures.
Quel est votre nom ?

Please take a seat in the waiting room.
The doctor is on his way.
What insurance company do you belong to?

Veuillez vous asseoir dans la salle d'attente.
Le docteur va arriver.
Où êtes-vous assuré(e) ?

What can I do for you?
Do you have any pain?
Where does it hurt?

Que puis-je faire pour vous ?
Avez-vous mal ?
Où avez-vous mal ?

I always have back pain.
I often have headaches.
I sometimes have stomach aches.

J'ai toujours mal au dos.
J'ai souvent des maux de tête.
Parfois, j'ai mal au ventre.

Remove your top!
Lie down on the examining table.
Your blood pressure is okay.

Enlevez le haut, s'il vous plait !
Veuillez vous allonger sur la table d'examen !
La tension est normale.

I will give you an injection.
I will give you some pills.
I am giving you a prescription for the pharmacy.

Je vais vous faire une piqûre.
Je vous prescris des comprimés.
Je vous donne une ordonnance pour la pharmacie.

58 [fifty-eight]

58 [cinquante-huit]

Parts of the body

Les parties du corps

I am drawing a man.
First the head.
The man is wearing a hat.

Je dessine un homme.
D'abord, la tête.
L'homme porte un chapeau.

One cannot see the hair.
One cannot see the ears either.
One cannot see his back either.

On ne voit pas les cheveux.
On ne voit pas non plus les oreilles.
On ne voit pas non plus le dos.

I am drawing the eyes and the mouth.
The man is dancing and laughing.
The man has a long nose.

Je dessine les yeux et la bouche.
L'homme danse et rit.
L'homme a un long nez.

He is carrying a cane in his hands.
He is also wearing a scarf around his neck.
It is winter and it is cold.

Il porte une canne dans ses mains.
Il porte également une écharpe autour du cou.
C'est l'hiver et il fait froid.

The arms are athletic.
The legs are also athletic.
The man is made of snow.

Les bras sont musclés.
Les jambes sont également musclées.
C'est un homme fait de neige.

He is neither wearing pants nor a coat.
But the man is not freezing.
He is a snowman.

Il ne porte ni pantalon, ni manteau.
Mais cet homme n'a pas froid.
C'est un bonhomme de neige.

59 [fifty-nine]

59 [cinquante-neuf]

At the post office

A la poste

Where is the nearest post office?	Où est le bureau de poste le plus proche ?
Is the post office far from here?	Quelle est la distance jusqu'au bureau de poste le plus proche ?
Where is the nearest mail box?	Où est la boîte aux lettres la plus proche ?
I need a couple of stamps.	J'ai besoin de quelques timbres.
For a card and a letter.	Pour une carte postale et une lettre.
How much is the postage to America?	À combien s'élève l'affranchissement pour l'Amérique ?
How heavy is the package?	Combien pèse ce paquet ?
Can I send it by air mail?	Est-ce que je peux l'envoyer par avion ?
How long will it take to get there?	Combien de temps faut-il compter jusqu'à ce qu'il arrive ?
Where can I make a call?	Où puis-je téléphoner ?
Where is the nearest telephone booth?	Où est la cabine téléphonique la plus proche ?
Do you have calling cards?	Avez-vous des télécartes ?
Do you have a telephone directory?	Avez-vous un annuaire téléphonique ?
Do you know the area code for Austria?	Connaissez-vous l'indicatif pour l'Autriche ?
One moment, I'll look it up.	Un instant, je vais voir.
The line is always busy.	La ligne est toujours occupée.
Which number did you dial?	Quel numéro avez-vous composé ?
You have to dial a zero first!	Vous devez d'abord composer le zéro !

60 [sixty] — 60 [soixante]

At the bank — A la banque

I would like to open an account.	Je voudrais ouvrir un compte.
Here is my passport.	Voici mon passeport.
And here is my address.	Et voici mon adresse.
I want to deposit money in my account.	Je voudrais déposer de l'argent sur mon compte.
I want to withdraw money from my account.	Je voudrais retirer de l'argent de mon compte.
I want to pick up the bank statements.	Je voudrais recevoir mon relevé de compte.
I want to cash a traveller's cheque / traveler's check (am.).	Je voudrais toucher un chèque-voyage.
What are the fees?	A combien s'élève la commission ?
Where should I sign?	Où dois-je signer ?
I'm expecting a transfer from Germany.	J'attends un virement d'Allemagne.
Here is my account number.	Voici mon numéro de compte.
Has the money arrived?	Est-ce que l'argent est disponible ?
I want to change money.	Je voudrais changer cette somme.
I need US-Dollars.	J'ai besoin de dollars américains.
Could you please give me small notes / bills (am.)?	Donnez-moi des petites coupures, s'il vous plaît.
Is there a cashpoint / an ATM (am.)?	Y a-t-il ici un distributeur automatique de billets ?
How much money can one withdraw?	Quel montant est-il possible de retirer ?
Which credit cards can one use?	Quelles sont les cartes de crédit qu'on peut utiliser ?

61 [sixty-one]

61 [soixante et un]

Ordinal numbers

Les nombres ordinaux

The first month is January.
The second month is February.
The third month is March.

Le premier mois est janvier.
Le deuxième mois est février.
Le troisième mois est mars.

The fourth month is April.
The fifth month is May.
The sixth month is June.

Le quatrième mois est avril.
Le cinquième mois est mai.
Le sixième mois est juin.

Six months make half a year.
January, February, March,
April, May and June.

Il y a six mois dans une demi-année.
Janvier, février, mars,
avril, mai, juin.

The seventh month is July.
The eighth month is August.
The ninth month is September.

Le septième mois est juillet.
Le huitième mois est août.
Le neuvième mois est septembre.

The tenth month is October.
The eleventh month is November.
The twelfth month is December.

Le dixième mois est octobre.
Le onzième mois est novembre.
Le douzième mois est décembre.

Twelve months make a year.
July, August, September,
October, November and December.

Il y a douze mois dans une année.
Juillet, août, septembre,
octobre, novembre et décembre.

62 [sixty-two]

Asking questions 1

62 [soixante-deux]

Poser des questions 1

to learn
Do the students learn a lot?
No, they learn a little.

apprendre
Les élèves apprennent-ils beaucoup ?
Non, ils apprennent peu.

to ask
Do you often ask the teacher questions?
No, I don't ask him questions often.

demander
Posez-vous souvent des questions à votre instituteur ?
Non, je ne le demande pas souvent.

to reply
Please reply.
I reply.

répondre
Répondez, s'il vous plaît.
Je réponds.

to work
Is he working right now?
Yes, he is working right now.

travailler
Travaille-t-il en ce moment ?
Oui, il travaille en ce moment.

to come
Are you coming?
Yes, we are coming soon.

venir
Venez-vous ?
Oui, nous arrivons tout de suite.

to live
Do you live in Berlin?
Yes, I live in Berlin.

habiter
Habitez-vous à Berlin ?
Oui, j'habite à Berlin.

63 [sixty-three]

Asking questions 2

63 [soixante-trois]

Poser des questions 2

I have a hobby.
I play tennis.
Where is the tennis court?

J'ai un hobby.
Je joue au tennis.
Où est le terrain de tennis ?

Do you have a hobby?
I play football / soccer (am.).
Where is the football / soccer (am.) field?

As-tu un hobby préféré ?
Je joue au foot.
Où est le terrain de foot ?

My arm hurts.
My foot and hand also hurt.
Is there a doctor?

Mon bras me fait mal.
Mon pied et ma main me font également mal.
Y-a-t-il un médecin ?

I have a car / an automobile.
I also have a motorcycle.
Where could I park?

J'ai une voiture.
J'ai aussi une moto.
Où est le parking ?

I have a sweater.
I also have a jacket and a pair of jeans.
Where is the washing machine?

J'ai un pull.
J'ai aussi une veste et un jean.
Où est la machine à laver ?

I have a plate.
I have a knife, a fork and a spoon.
Where is the salt and pepper?

J'ai une assiette.
J'ai un couteau, une fourchette et une cuillère.
Où sont le sel et le poivre ?

64 [sixty-four]

64 [soixante-quatre]

Negation 1

Négation 1

I don’t understand the word.
I don’t understand the sentence.
I don’t understand the meaning.

Je ne comprends pas le mot.
Je ne comprends pas la phrase.
Je ne comprends pas le sens.

the teacher
Do you understand the teacher?
Yes, I understand him well.

l’instituteur
Comprenez-vous l’instituteur ?
Oui, je le comprends bien.

the teacher
Do you understand the teacher?
Yes, I understand her well.

l’institutrice
Est-ce que vous comprenez l’institutrice ?
Oui, je la comprends bien.

the people
Do you understand the people?
No, I don’t understand them so well.

les gens
Est-ce que vous comprenez les gens ?
Non, je ne les comprends pas très bien.

the girlfriend
Do you have a girlfriend?
Yes, I do.

l’amie
Avez-vous une amie ?
Oui, j’en ai.

the daughter
Do you have a daughter?
No, I don’t.

la fille
Avez-vous une fille ?
Non, je n’en ai pas.

65 [sixty-five]

Negation 2

65 [soixante-cinq]

Négation 2

Is the ring expensive?
No, it costs only one hundred Euros.
But I have only fifty.

Est-ce que la bague est chère ?
Non, elle ne coûte que cent Euro.
Mais, j'en ai seulement cinquante.

Are you finished?
No, not yet.
But I'll be finished soon.

As-tu déjà terminé ?
Non, pas encore.
Mais j'aurais bientôt fini.

Do you want some more soup?
No, I don't want anymore.
But another ice cream.

Veux-tu encore de la soupe ?
Non, je n'en veux plus.
Mais, encore une glace.

Have you lived here long?
No, only for a month.
But I already know a lot of people.

Habites-tu depuis longtemps ici ?
Non, juste un mois.
Mais je connais déjà beaucoup de personnes.

Are you driving home tomorrow?
No, only on the weekend.
But I will be back on Sunday.

Vas-tu à la maison demain ?
Non, seulement en week-end.
Mais je rentre déjà dimanche.

Is your daughter an adult?
No, she is only seventeen.
But she already has a boyfriend.

Est-ce que ta fille est déjà une adulte ?
Non, elle a seulement dix-sept ans.
Mais elle a déjà un petit ami.

66 [sixty-six]

Possessive pronouns 1

66 [soixante-six]

Pronoms possessifs 1

I – my	je – ma / mon
I can't find my key.	Je ne trouve pas ma clef.
I can't find my ticket.	Je ne trouve pas mon billet.
you – your	tu – ta / ton
Have you found your key?	As-tu trouvé ta clef ?
Have you found your ticket?	As-tu trouvé ton billet ?
he – his	il – sa / son
Do you know where his key is?	Sais-tu où est sa clef ?
Do you know where his ticket is?	Sais-tu où est son billet ?
she – her	elle – sa / son
Her money is gone.	Son argent a disparu.
And her credit card is also gone.	Sa carte de crédit a aussi disparu.
we – our	nous – notre
Our grandfather is ill.	Notre grand-père est malade.
Our grandmother is healthy.	Notre grand-mère est en bonne santé.
you – your	vous – votre
Children, where is your father?	Les enfants, où est votre papa ?
Children, where is your mother?	Les enfants, où est votre maman ?

67 [sixty-seven]

67 [soixante-sept]

Possessive pronouns 2

Pronoms possessifs 2

the glasses
He has forgotten his glasses.
Where has he left his glasses?

les lunettes
Il a oublié ses lunettes.
Où a-t-il donc mis ses lunettes ?

the clock
His clock isn't working.
The clock hangs on the wall.

la montre / l'horloge
Sa montre est cassée.
L'horloge est accrochée au mur.

the passport
He has lost his passport.
Where is his passport then?

le passeport
Il a perdu son passeport.
Où a-t-il donc mis son passeport ?

they – their
The children cannot find their parents.
Here come their parents!

ils – leur
Les enfants ne peuvent pas trouver leurs parents.
Mais voici leurs parents qui arrivent juste à l'instant !

you – your
How was your trip, Mr. Miller?
Where is your wife, Mr. Miller?

vous – votre
Comment s'est passé votre voyage, Monsieur Muller ?
Où est votre femme, Monsieur Muller ?

you – your
How was your trip, Mrs. Smith?
Where is your husband, Mrs. Smith?

vous – votre
Comment s'est passé votre voyage, Madame Schmidt ?
Où est votre mari, Madame Schmidt ?

68 [sixty-eight]

big – small

68 [soixante-huit]

grand – petit

big and small
The elephant is big.
The mouse is small.

dark and bright
The night is dark.
The day is bright.

old and young
Our grandfather is very old.
70 years ago he was still young.

beautiful and ugly
The butterfly is beautiful.
The spider is ugly.

fat and thin
A woman who weighs a hundred kilos is fat.
A man who weighs fifty kilos is thin.

expensive and cheap
The car is expensive.
The newspaper is cheap.

grand et petit
L'éléphant est grand.
La souris est petite.

sombre et clair
La nuit est sombre.
Le jour est clair.

vieux et jeune
Notre grand-père est très vieux.
Il y a 70 ans il était encore jeune.

beau et laid
Le papillon est beau.
L'araignée est laide.

gros et maigre
Une femme de cent kg est grosse.
Un homme de cinquante kg est maigre.

cher et bon marché
L'automobile est chère.
Le journal est bon marché.

69 [sixty-nine]

to need – to want to

69 [soixante-neuf]

avoir besoin – vouloir

I need a bed.
I want to sleep.
Is there a bed here?

J'ai besoin d'un lit.
Je veux dormir.
Y-a-t-il un lit ici ?

I need a lamp.
I want to read.
Is there a lamp here?

J'ai besoin d'une lampe.
Je veux lire.
Y-a-t-il une lampe ici ?

I need a telephone.
I want to make a call.
Is there a telephone here?

J'ai besoin d'un téléphone.
Je veux téléphoner.
Y-a-t-il un téléphone ici ?

I need a camera.
I want to take photographs.
Is there a camera here?

J'ai besoin d'une caméra.
Je veux prendre des photos.
Y-a-t-il une caméra ici ?

I need a computer.
I want to send an email.
Is there a computer here?

J'ai besoin d'un ordinateur.
Je veux envoyer un e-mail.
Y-a-t-il un ordinateur ici ?

I need a pen.
I want to write something.
Is there a sheet of paper and a pen here?

J'ai besoin d'un stylo.
Je veux écrire quelque chose.
Y-a-t-il une feuille de papier et un stylo ici ?

70 [seventy] | 70 [soixante-dix]

to like something | désirer qc.

Would you like to smoke?	Désirez-vous fumer ?
Would you like to dance?	Désirez-vous danser ?
Would you like to go for a walk?	Désirez-vous vous promener ?
I would like to smoke.	Je voudrais fumer.
Would you like a cigarette?	Veux-tu une cigarette ?
He wants a light.	Il voudrait du feu.
I want to drink something.	Je voudrais boire quelque chose.
I want to eat something.	Je voudrais manger quelque chose.
I want to relax a little.	Je voudrais me reposer.
I want to ask you something.	Je voudrais vous demander quelque chose.
I want to ask you for something.	Je voudrais vous demander quelque chose.
I want to treat you to something.	Je voudrais vous inviter à quelque chose.
What would you like?	Que désirez-vous, s'il vous plaît ?
Would you like a coffee?	Désirez-vous un café ?
Or do you prefer a tea?	Ou préférez-vous un thé ?
We want to drive home.	Nous voudrions aller à la maison.
Do you want a taxi?	Désirez-vous prendre un taxi ?
They want to make a call.	Ils voudraient téléphoner.

71 [seventy-one]

to want something

71 [soixante et onze]

vouloir qc.

What do you want to do?
Do you want to play football / soccer (am.)?
Do you want to visit friends?

Qu'est ce que vous voulez ?
Est-ce que vous voulez jouer au football ?
Est-ce que vous voulez rendre visite à des amis ?

to want
I don't want to arrive late.
I don't want to go there.

vouloir
Je ne veux pas arriver en retard.
Je ne veux pas y aller.

I want to go home.
I want to stay at home.
I want to be alone.

Je veux aller à la maison.
Je veux rester à la maison.
Je veux être seul.

Do you want to stay here?
Do you want to eat here?
Do you want to sleep here?

Veux-tu rester ici ?
Veux-tu manger ici ?
Veux-tu dormir ici ?

Do you want to leave tomorrow?
Do you want to stay till tomorrow?
Do you want to pay the bill only tomorrow?

Voulez-vous partir demain ?
Voulez-vous rester jusqu'à demain ?
Voulez-vous régler la note seulement demain ?

Do you want to go to the disco?
Do you want to go to the cinema?
Do you want to go to a café?

Voulez-vous aller à la discothèque ?
Voulez-vous aller au cinéma ?
Voulez-vous aller au café ?

72 [seventy-two]

to have to do something / must

72 [soixante-douze]

devoir faire qc.

must
I must post the letter.
I must pay the hotel.

devoir
Je dois envoyer une lettre.
Je dois payer l'hôtel.

You must get up early.
You must work a lot.
You must be punctual.

Tu dois te lever tôt.
Tu dois beaucoup travailler.
Tu dois être à l'heure.

He must fuel / get petrol / get gas (am.).
He must repair the car.
He must wash the car.

Il doit faire le plein.
Il doit réparer la voiture.
Il doit laver la voiture.

She must shop.
She must clean the apartment.
She must wash the clothes.

Elle doit faire des achats.
Elle doit faire le ménage dans l'appartement.
Elle doit laver le linge.

We must go to school at once.
We must go to work at once.
We must go to the doctor at once.

Nous devons aller tout de suite à l'école.
Nous devons aller tout de suite au travail.
Nous devons aller tout de suite chez le médecin.

You must wait for the bus.
You must wait for the train.
You must wait for the taxi.

Vous devez attendre le bus.
Vous devez attendre le train.
Vous devez attendre le taxi.

73 [seventy-three]

to be allowed to

73 [soixante-treize]

avoir le droit de faire qc.

Are you already allowed to drive?
Are you already allowed to drink alcohol?
Are you already allowed to travel abroad alone?

Est-ce que tu peux déjà conduire une voiture ?
Est-ce que tu peux déjà boire de l'alcool ?
Est-ce que tu peux déjà aller seul à l'étranger ?

may / to be allowed
May we smoke here?
Is smoking allowed here?

avoir le droit / pouvoir
Est-ce que nous pouvons fumer ici ?
A-t-on le droit de fumer ici ?

May one pay by credit card?
May one pay by cheque / check (am.)?
May one only pay in cash?

Est-ce qu'on peut payer avec une carte de crédit ?
Est-ce qu'on peut payer par chèque ?
Peut-on payer seulement comptant ?

May I just make a call?
May I just ask something?
May I just say something?

Est-ce que je peux téléphoner ?
Est-ce que je peux vous demander quelque chose ?
Est-ce que je peux vous dire quelque chose ?

He is not allowed to sleep in the park.
He is not allowed to sleep in the car.
He is not allowed to sleep at the train station.

Il ne peut pas dormir dans le parc.
Il ne peut pas dormir dans la voiture.
Il ne peut pas dormir dans la gare.

May we take a seat?
May we have the menu?
May we pay separately?

Pouvons-nous prendre place ?
Pouvons-nous avoir la carte ?
Pouvons-nous payer séparément ?

74 [seventy-four]

74 [soixante-quatorze]

asking for something

demander qc.

Can you cut my hair?
Not too short, please.
A bit shorter, please.

Pourriez-vous me couper les cheveux ?
Pas trop court, s'il vous plait.
Un peu plus court, s'il vous plait.

Can you develop the pictures?
The pictures are on the CD.
The pictures are in the camera.

Pourriez-vous me développer les photos ?
Les photos sont sur le CD.
Les photos sont dans l'appareil photo.

Can you fix the clock?
The glass is broken.
The battery is dead / empty.

Pourriez-vous me réparer la montre ?
Le verre est cassé.
La pile est vide.

Can you iron the shirt?
Can you clean the pants / trousers?
Can you fix the shoes?

Pourriez-vous me repasser la chemise ?
Pourriez-vous me nettoyer le pantalon ?
Pourriez-vous me réparer les chaussures ?

Do you have a light?
Do you have a match or a lighter?
Do you have an ashtray?

Pourriez-vous me donner du feu ?
Avez-vous des allumettes ou un briquet ?
Avez-vous un cendrier ?

Do you smoke cigars?
Do you smoke cigarettes?
Do you smoke a pipe?

Fumez-vous des cigares ?
Fumez-vous des cigarettes ?
Fumez-vous la pipe ?

75 [seventy-five]

75 [soixante-quinze]

giving reasons 1

argumenter qc. 1

Why aren't you coming?	Pourquoi ne venez-vous pas ?
The weather is so bad.	Le temps est trop mauvais.
I am not coming because the weather is so bad.	Je ne viens pas parce que le temps est trop mauvais.
Why isn't he coming?	Pourquoi ne vient-il pas ?
He isn't invited.	Il n'est pas invité.
He isn't coming because he isn't invited.	Il ne vient pas parce qu'il n'est pas invité.
Why aren't you coming?	Pourquoi ne viens-tu pas ?
I have no time.	Je n'ai pas le temps.
I am not coming because I have no time.	Je ne viens pas parce que je n'ai pas le temps.
Why don't you stay?	Pourquoi ne restes-tu pas ?
I still have to work.	Je dois encore travailler.
I am not staying because I still have to work.	Je ne reste pas parce que je dois encore travailler.
Why are you going already?	Pourquoi partez-vous déjà ?
I am tired.	Je suis fatigué.
I'm going because I'm tired.	Je pars déjà parce que je suis fatigué.
Why are you going already?	Pourquoi partez-vous déjà ?
It is already late.	Il est déjà tard.
I'm going because it is already late.	Je pars déjà parce qu'il est déjà tard.

76 [seventy-six]

76 [soixante-seize]

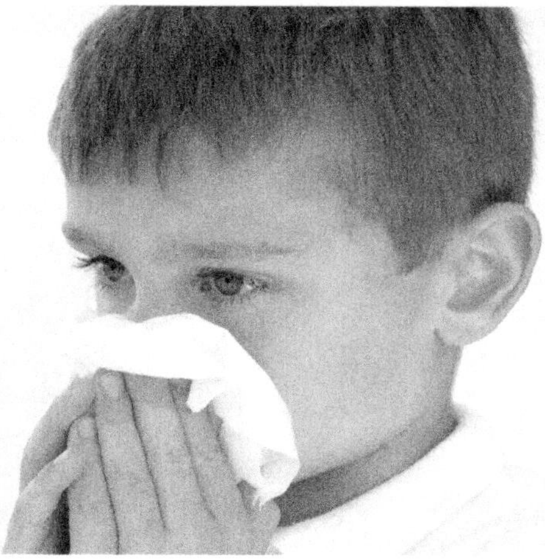

giving reasons 2

argumenter qc. 2

Why didn't you come?
I was ill.
I didn't come because I was ill.

Why didn't she come?
She was tired.
She didn't come because she was tired.

Why didn't he come?
He wasn't interested.
He didn't come because he wasn't interested.

Why didn't you come?
Our car is damaged.
We didn't come because our car is damaged.

Why didn't the people come?
They missed the train.
They didn't come because they missed the train.

Why didn't you come?
I was not allowed to.
I didn't come because I was not allowed to.

Pourquoi n'es-tu pas venu ?
J'étais malade.
Je ne suis pas venu parce que j'étais malade.

Pourquoi n'est-elle pas venue ?
Elle était fatiguée.
Elle n'est pas venue parce qu'elle était fatiguée.

Pourquoi n'est-il pas venu ?
Il n'avait pas envie.
Il n'est pas venu parce qu'il n'avait pas envie.

Pourquoi n'êtes-vous pas venus ?
Notre voiture était en panne.
Nous ne sommes pas venus parce que notre voiture était en panne.

Pourquoi les gens ne sont-ils pas venus ?
Ils ont manqué le train.
Ils ne sont pas venus parce qu'ils ont manqué le train.

Pourquoi n'es-tu pas venu ?
Je ne le pouvais pas.
Je ne suis pas venu parce que je ne le pouvais pas.

77 [seventy-seven]

giving reasons 3

77 [soixante-dix-sept]

argumenter qc. 3

Why aren't you eating the cake?
I must lose weight.
I'm not eating it because I must lose weight.

Why aren't you drinking the beer?
I have to drive.
I'm not drinking it because I have to drive.

Why aren't you drinking the coffee?
It is cold.
I'm not drinking it because it is cold.

Why aren't you drinking the tea?
I have no sugar.
I'm not drinking it because I don't have any sugar.

Why aren't you eating the soup?
I didn't order it.
I'm not eating it because I didn't order it.

Why don't you eat the meat?
I am a vegetarian.
I'm not eating it because I am a vegetarian.

Pourquoi ne mangez-vous pas la tarte ?
Je dois maigrir.
Je ne la mange pas parce que je dois maigrir.

Pourquoi ne buvez-vous pas la bière ?
Je dois encore conduire.
Je ne la bois pas parce que je dois encore conduire.

Pourquoi ne bois-tu pas le café ?
Il est froid.
Je ne le bois pas parce qu'il est froid.

Pourquoi ne bois-tu pas le thé ?
Je n'ai pas de sucre.
Je ne le bois pas parce que je n'ai pas de sucre.

Pourquoi ne mangez-vous pas la soupe ?
Je ne l'ai pas commandée.
Je ne la mange pas parce que je ne l'ai pas commandée.

Pourquoi ne mangez-vous pas la viande ?
Je suis végétarien / végétarienne.
Je ne la mange pas parce que je suis végétarien / végétarienne.

78 [seventy-eight]

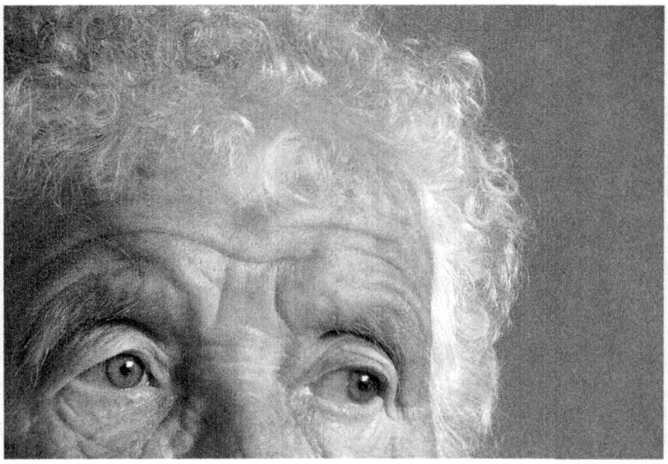

78 [soixante-dix-huit]

Adjectives 1

Adjectifs 1

an old lady	une vieille femme
a fat lady	une grosse femme
a curious lady	une femme curieuse
a new car	une nouvelle voiture
a fast car	une voiture rapide
a comfortable car	une voiture confortable
a blue dress	un vêtement bleu
a red dress	un vêtement rouge
a green dress	un vêtement vert
a black bag	un sac noir
a brown bag	un sac brun
a white bag	un sac blanc
nice people	des gens sympathiques
polite people	des gens polis
interesting people	des gens intéressants
loving children	des enfants affectueux
cheeky children	des enfants effrontés
well behaved children	des enfants sages

79 [seventy-nine]

Adjectives 2

79 [soixante-dix-neuf]

Adjectifs 2

I am wearing a blue dress.
I am wearing a red dress.
I am wearing a green dress.

Je porte une robe bleue.
Je porte une robe rouge.
Je porte une robe verte.

I'm buying a black bag.
I'm buying a brown bag.
I'm buying a white bag.

J'achète un sac noir.
J'achète un sac brun.
J'achète un sac blanc.

I need a new car.
I need a fast car.
I need a comfortable car.

J'ai besoin d'une nouvelle voiture.
J'ai besoin d'une voiture rapide.
J'ai besoin d'une voiture confortable.

An old lady lives at the top.
A fat lady lives at the top.
A curious lady lives below.

En haut habite une vieille femme.
En haut habite une grosse femme.
En bas habite une femme curieuse.

Our guests were nice people.
Our guests were polite people.
Our guests were interesting people.

Nos hôtes étaient des gens sympathiques.
Nos hôtes étaient des gens polis.
Nos hôtes étaient des gens intéressants.

I have lovely children.
But the neighbours have naughty children.
Are your children well behaved?

J'ai des enfants affectueux.
Mais, les voisins ont des enfants effrontés.
Est-ce que vos enfants sont sages ?

80 [eighty]

80 [quatre-vingt]

Adjectives 3

Adjectifs 3

She has a dog.
The dog is big.
She has a big dog.

Elle a un chien.
Le chien est grand.
Elle a un grand chien.

She has a house.
The house is small.
She has a small house.

Elle a une maison.
La maison est petite.
Elle a une petite maison.

He is staying in a hotel.
The hotel is cheap.
He is staying in a cheap hotel.

Il loge dans un hôtel.
L'hôtel est bon marché.
Il loge dans un hôtel bon marché.

He has a car.
The car is expensive.
He has an expensive car.

Il a une voiture.
La voiture est chère.
Il a une voiture chère.

He reads a novel.
The novel is boring.
He is reading a boring novel.

Il lit un roman.
Le roman est ennuyeux.
Il lit un roman ennuyeux.

She is watching a movie.
The movie is exciting.
She is watching an exciting movie.

Elle regarde un film.
Le film est captivant.
Elle regarde un film captivant.

81 [eighty-one]

Past tense 1

81 [quatre-vingt-un]

Passé 1

to write
He wrote a letter.
And she wrote a card.

écrire
Il écrivait une lettre.
Et elle écrivait une carte.

to read
He read a magazine.
And she read a book.

lire
Il lisait un magazine.
Et elle lisait un livre.

to take
He took a cigarette.
She took a piece of chocolate.

prendre
Il prenait une cigarette.
Elle prenait un morceau de chocolat.

He was disloyal, but she was loyal.
He was lazy, but she was hard-working.
He was poor, but she was rich.

Alors qu'il était infidèle, elle était fidèle.
Alors qu'il était paresseux, elle était diligente.
Alors qu'il était pauvre, elle était riche.

He had no money, only debts.
He had no luck, only bad luck.
He had no success, only failure.

Il n'avait pas d'argent, mais au contraire des dettes.
Il n'avait pas de chance, mais au contraire de la malchance.
Il n'avait pas de succès, mais au contraire des échecs.

He was not satisfied, but dissatisfied.
He was not happy, but sad.
He was not friendly, but unfriendly.

Il n'était pas heureux, mais au contraire malheureux.
Il n'était pas chanceux, mais au contraire malchanceux.
Il n'était pas sympathique, mais au contraire antipathique.

82 [eighty-two]

Past tense 2

82 [quatre-vingt-deux]

Passé 2

Did you have to call an ambulance?
Did you have to call the doctor?
Did you have to call the police?

Tu devais appeler une ambulance ?
Tu devais appeler le médecin ?
Tu devais appeler la police ?

Do you have the telephone number? I had it just now.
Do you have the address? I had it just now.
Do you have the city map? I had it just now.

Avez-vous le numéro de téléphone ? Je l'avais à l'instant.
Avez-vous l'adresse ? Je l'avais à l'instant.
Avez-vous le plan de la ville ? Je l'avais à l'instant.

Did he come on time? He could not come on time.
Did he find the way? He could not find the way.

Venait-il à l'heure ? Il ne pouvait pas venir à l'heure.
Trouvait-il le chemin ? Il ne pouvait pas trouver le chemin.

Did he understand you? He could not understand me.

Te comprenait-il ? Il ne pouvait pas me comprendre.

Why could you not come on time?
Why could you not find the way?
Why could you not understand him?

Pourquoi ne pouvais-tu pas venir à l'heure ?
Pourquoi ne pouvais-tu pas trouver le chemin ?
Pourquoi ne pouvais-tu pas le comprendre ?

I could not come on time because there were no buses.
I could not find the way because I had no city map.

Je ne pouvais pas être à l'heure parce qu'aucun bus ne circulait.
Je ne pouvais pas trouver le chemin, parce que je n'avais pas de plan de ville.

I could not understand him because the music was so loud.

Je ne pouvais pas le comprendre parce que la musique était trop forte.

I had to take a taxi.
I had to buy a city map.
I had to switch off the radio.

Je devais prendre un taxi.
Je devais acheter un plan de ville.
Je devais éteindre la radio.

83 [eighty-three]

83 [quatre-vingt-trois]

Past tense 3

Passé 3

to make a call
I made a call.
I was talking on the phone all the time.

to ask
I asked.
I always asked.

to narrate
I narrated.
I narrated the whole story.

to study
I studied.
I studied the whole evening.

to work
I worked.
I worked all day long.

to eat
I ate.
I ate all the food.

téléphoner
J'ai téléphoné.
J'ai téléphoné tout le temps.

demander
J'ai demandé.
J'ai toujours demandé.

raconter
J'ai raconté.
J'ai raconté toute l'histoire.

étudier
J'ai étudié.
J'ai étudié toute la soirée.

travailler
J'ai travaillé.
J'ai travaillé toute la journée.

manger
J'ai mangé.
J'ai mangé tout le repas.

84 [eighty-four]

84 [quatre-vingt-quatre]

Past tense 4

Passé 4

to read	lire
I read.	J'ai lu.
I read the whole novel.	J'ai lu tout le roman.
to understand	comprendre
I understood.	J'ai compris.
I understood the whole text.	J'ai compris tout le texte.
to answer	répondre
I answered.	J'ai répondu.
I answered all the questions.	J'ai répondu à toutes les questions.
I know that – I knew that.	Je le sais. – Je l'ai su.
I write that – I wrote that.	Je l'écris. – Je l'ai écrit.
I hear that – I heard that.	Je l'entends. – Je l'ai entendu.
I'll get it – I got it.	Je vais le chercher. – Je suis allé le chercher.
I'll bring that – I brought that.	Je l'apporte. – Je l'ai apporté.
I'll buy that – I bought that.	Je l'achète. – Je l'ai acheté.
I expect that – I expected that.	Je l'attends. – Je l'ai attendu.
I'll explain that – I explained that.	Je l'explique. – Je l'ai expliqué.
I know that – I knew that.	Je le connais. – Je l'ai connu.

85 [eighty-five]

85 [quatre-vingt-cinq]

Questions – Past tense 1

Questions – Passé 1

How much did you drink?
How much did you work?
How much did you write?

How did you sleep?
How did you pass the exam?
How did you find the way?

Who did you speak to?
With whom did you make an appointment?
With whom did you celebrate your birthday?

Where were you?
Where did you live?
Where did you work?

What did you suggest?
What did you eat?
What did you come to know?

How fast did you drive?
How long did you fly?
How high did you jump?

Combien en avez-vous bu ?
Combien d'heures avez-vous travaillé ?
Avez-vous beaucoup écrit ?

Comment avez-vous dormi ?
Comment avez-vous passé l'examen ?
Comment avez-vous trouvé le chemin ?

Avec qui avez-vous parlé ?
Avec qui avez-vous pris un rendez-vous ?
Avec qui avez vous fêté votre anniversaire ?

Où êtes-vous allés ?
Où avez-vous habité ?
Où avez-vous travaillé ?

Qu'avez-vous recommandé ?
Qu'avez-vous mangé ?
Qu'avez-vous appris ?

À quelle vitesse avez-vous conduit ?
Combien de temps avez-vous volé ?
À quelle hauteur avez-vous sauté ?

86 [eighty-six]

Questions – Past tense 2

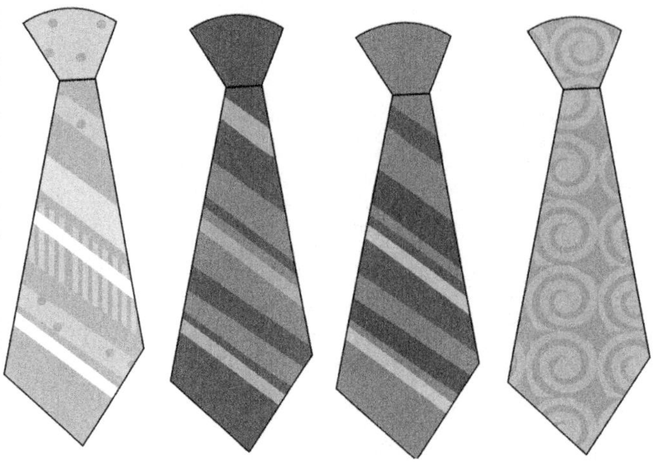

86 [quatre-vingt-six]

Questions – Passé 2

Which tie did you wear?	Quelle cravate as-tu porté ?
Which car did you buy?	Quelle voiture as-tu acheté ?
Which newspaper did you subscribe to?	À quel journal t'es-tu abonné ?
Who did you see?	Qui avez-vous vu ?
Who did you meet?	Qui avez-vous rencontré ?
Who did you recognize?	Qui avez-vous reconnu ?
When did you get up?	Quand vous êtes-vous levé ?
When did you start?	Quand avez-vous commencé ?
When did you finish?	Quand avez-vous arrêté ?
Why did you wake up?	Pourquoi vous êtes-vous réveillé ?
Why did you become a teacher?	Pourquoi êtes-vous devenu instituteur ?
Why did you take a taxi?	Pourquoi avez-vous pris un taxi ?
Where did you come from?	D'où êtes vous venu ?
Where did you go?	Où êtes-vous allé ?
Where were you?	Où avez-vous été ?
Who did you help?	Qui as-tu aidé ?
Who did you write to?	À qui as-tu écrit ?
Who did you reply to?	À qui as-tu répondu ?

87 [eighty-seven]

87 [quatre-vingt-sept]

Past tense of modal verbs 1

Passé des modaux 1

We had to water the flowers.
We had to clean the apartment.
We had to wash the dishes.

Nous devions arroser les fleurs.
Nous devions ranger l'appartement.
Nous devions laver la vaisselle.

Did you have to pay the bill?
Did you have to pay an entrance fee?
Did you have to pay a fine?

Vous deviez payer la facture ?
Vous deviez payer l'entrée ?
Vous deviez payer l'amende ?

Who had to say goodbye?
Who had to go home early?
Who had to take the train?

Qui devait dire adieu ?
Qui devait aller à la maison de bonne heure ?
Qui devait prendre le train ?

We did not want to stay long.
We did not want to drink anything.
We did not want to disturb you.

Nous ne voulions pas rester longtemps.
Nous ne voulions rien boire.
Nous ne voulions pas déranger.

I just wanted to make a call.
I just wanted to call a taxi.
Actually I wanted to drive home.

Je voulais juste téléphoner.
Je voulais commander un taxi.
En faite, je voulais rentrer à la maison.

I thought you wanted to call your wife.
I thought you wanted to call information.
I thought you wanted to order a pizza.

Je pensais que tu voulais appeler ta femme.
Je pensais que tu voulais appeler les renseignements.
Je pensais que tu voulais commander une pizza.

88 [eighty-eight]

88 [quatre-vingt-huit]

Past tense of modal verbs 2

Passé des modaux 2

My son did not want to play with the doll.
My daughter did not want to play football / soccer (am.).
My wife did not want to play chess with me.

Mon fils ne voulait pas jouer à la poupée.
Ma fille ne voulait pas jouer au football.
Ma femme ne voulait pas jouer avec moi aux échecs.

My children did not want to go for a walk.
They did not want to tidy the room.
They did not want to go to bed.

Mes enfants ne voulaient pas faire de promenade.
Ils ne voulaient pas ranger la chambre.
Ils ne voulaient pas aller au lit.

He was not allowed to eat ice cream.
He was not allowed to eat chocolate.
He was not allowed to eat sweets.

Il n'avait pas le droit de manger de glace.
Il n'avait pas le droit de manger de chocolat.
Il n'avait pas le droit de manger de bonbons.

I was allowed to make a wish.
I was allowed to buy myself a dress.
I was allowed to take a chocolate.

Je pouvais me souhaiter quelque chose.
Je pouvais m'acheter une robe.
Je pouvais prendre un praliné.

Were you allowed to smoke in the airplane?
Were you allowed to drink beer in the hospital?
Were you allowed to take the dog into the hotel?

Est-ce que tu pouvais fumer dans l'avion ?
Est-ce que tu pouvais boire de la bière à l'hôpital ?
Est-ce que tu pouvais amener le chien à l'hôtel ?

During the holidays the children were allowed to remain outside late.
They were allowed to play in the yard for a long time.
They were allowed to stay up late.

Pendant les vacances, les enfants avaient la permission de rester longtemps dehors.
Ils avaient la permission de jouer longtemps dans la cour.
Ils avaient la permission de veiller tard.

89 [eighty-nine]

89 [quatre-vingt-neuf]

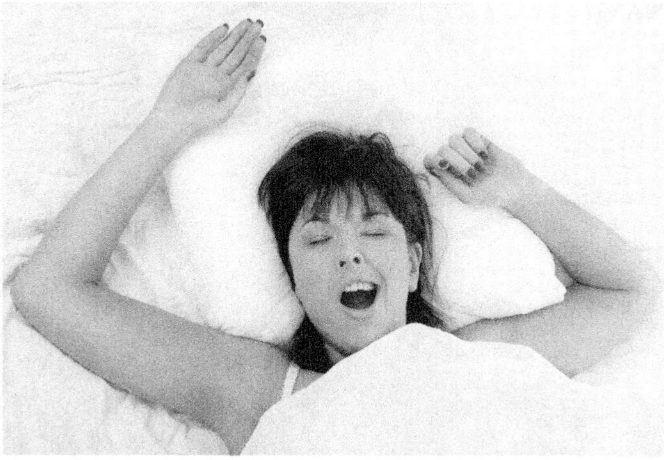

Imperative 1

Impératif 1

You are so lazy – don't be so lazy!
You sleep for so long – don't sleep so late!
You come home so late – don't come home so late!

Tu es trop paresseux – Ne sois pas si paresseux !
Tu dors trop longtemps – Ne dors pas si longtemps !
Tu viens trop tard – Ne viens pas si tard !

You laugh so loudly – don't laugh so loudly!
You speak so softly – don't speak so softly!

Tu ris trop fort – Ne ris pas si fort !
Tu parles trop doucement – Ne parle pas si doucement !

You drink too much – don't drink so much!

Tu bois trop – Ne bois donc pas autant !

You smoke too much – don't smoke so much!
You work too much – don't work so much!
You drive too fast – don't drive so fast!

Tu fumes trop – Ne fume donc pas autant !
Tu travailles trop – Ne travaille donc pas autant !
Tu conduis trop vite – Ne conduis donc pas si vite !

Get up, Mr. Miller!
Sit down, Mr. Miller!
Remain seated, Mr. Miller!

Levez-vous, Monsieur Muller !
Asseyez-vous, Monsieur Muller !
Restez assis, Monsieur Muller !

Be patient!
Take your time!
Wait a moment!

Ayez de la patience !
Prenez votre temps !
Attendez un moment !

Be careful!
Be punctual!
Don't be stupid!

Soyez prudent !
Soyez à l'heure !
Ne soyez pas bête !

90 [ninety]

90 [quatre-vingt-dix]

Imperative 2

Impératif 2

Shave!	Rase-toi !
Wash yourself!	Lave-toi !
Comb your hair!	Coiffe-toi !
Call!	Appelle ! Appelez !
Begin!	Commence ! Commencez !
Stop!	Arrête ! Arrêtez !
Leave it!	Laisse ça ! Laissez ça !
Say it!	Dis ça ! Dites ça !
Buy it!	Achète ça ! Achetez ça !
Never be dishonest!	Ne sois jamais malhonnête !
Never be naughty!	Ne sois jamais insolent !
Never be impolite!	Ne sois jamais impoli !
Always be honest!	Sois toujours honnête !
Always be nice!	Sois toujours gentil !
Always be polite!	Sois toujours poli !
Hope you arrive home safely!	Rentrez bien chez vous !
Take care of yourself!	Faites bien attention à vous !
Do visit us again soon!	Revenez vite nous voir !

91 [ninety-one]

91 [quatre-vingt-onze]

Subordinate clauses: that 1

Subordonnées avec que 1

Perhaps the weather will get better tomorrow.
How do you know that?
I hope that it gets better.

Le temps sera probablement meilleur demain.
D'où le savez-vous ?
J'espère qu'il sera meilleur.

He will definitely come.
Are you sure?
I know that he'll come.

Il viendra certainement.
Est-ce que c'est sur ?
Je sais qu'il viendra.

He'll definitely call.
Really?
I believe that he'll call.

Il appellera certainement.
Vraiment ?
Je crois qu'il appellera.

The wine is definitely old.
Do you know that for sure?
I think that it is old.

Le vin est probablement vieux.
En êtes-vous certain ?
Je suppose qu'il est vieux.

Our boss is good-looking.
Do you think so?
I find him very handsome.

Notre chef est beau.
Vous trouvez ?
Je trouve même qu'il est très beau.

The boss definitely has a girlfriend.
Do you really think so?
It is very possible that he has a girlfriend.

Le chef a certainement une amie.
Le croyez-vous vraiment ?
C'est bien possible qu'il ait une amie.

92 [ninety-two]

92 [quatre-vingt-douze]

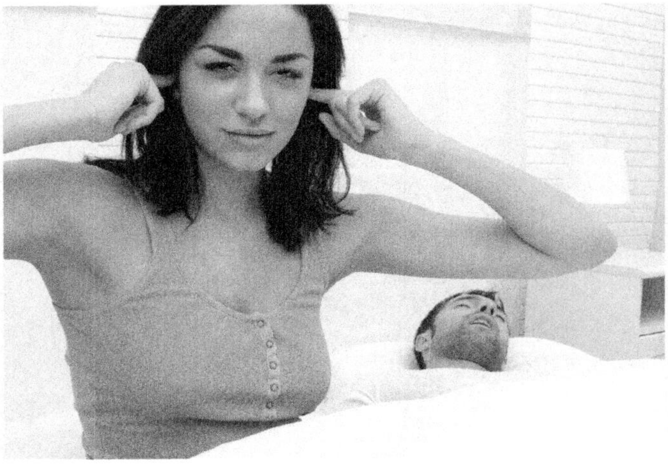

Subordinate clauses: that 2

Subordonnées avec que 2

I'm angry that you snore.	Cela me fâche que tu ronfles.
I'm angry that you drink so much beer.	Cela me fâche que tu boives autant de bière.
I'm angry that you come so late.	Cela me fâche que tu arrives si tard.
I think he needs a doctor.	Je crois qu'il a besoin d'un médecin.
I think he is ill.	Je crois qu'il est malade.
I think he is sleeping now.	Je crois qu'il est en train de dormir.
We hope that he marries our daughter.	Nous espérons que notre fille se mariera.
We hope that he has a lot of money.	Nous espérons qu'il a beaucoup d'argent.
We hope that he is a millionaire.	Nous espérons qu'il est millionnaire.
I heard that your wife had an accident.	J'ai entendu que ta femme avait eu un accident.
I heard that she is in the hospital.	J'ai entendu qu'elle est à l'hôpital.
I heard that your car is completely wrecked.	J'ai entendu que ta voiture est complètement détruite.
I'm happy that you came.	Je me réjouis que vous soyez venu.
I'm happy that you are interested.	Je me réjouis que vous soyez intéressé.
I'm happy that you want to buy the house.	Je me réjouis que vous vouliez acheter la maison.
I'm afraid the last bus has already gone.	Je crains que le dernier bus ne soit déjà parti.
I'm afraid we will have to take a taxi.	Je crains que nous ne puissions prendre un taxi.
I'm afraid I have no more money.	Je crains de ne pas avoir d'argent sur moi.

93 [ninety-three]

Subordinate clauses: if

93 [quatre-vingt-treize]

Subordonnées avec si

I don't know if he loves me.	Je ne sais pas s'il m'aime.
I don't know if he'll come back.	Je ne sais pas s'il va revenir.
I don't know if he'll call me.	Je ne sais pas s'il va m'appeler.
Maybe he doesn't love me?	Et s'il m'aime ?
Maybe he won't come back?	Et s'il revient ?
Maybe he won't call me?	Et s'il m'appelle ?
I wonder if he thinks about me.	Je me demande s'il pense à moi.
I wonder if he has someone else.	Je me demande s'il en a une autre.
I wonder if he lies.	Je me demande s'il ment.
Maybe he thinks of me?	Et s'il pense à moi ?
Maybe he has someone else?	Et s'il en a une autre ?
Maybe he tells me the truth?	Et s'il dit la vérité ?
I doubt whether he really likes me.	Je doute qu'il m'aime vraiment.
I doubt whether he'll write to me.	Je doute qu'il m'écrive.
I doubt whether he'll marry me.	Je doute qu'il m'épouse.
Does he really like me?	Et s'il m'aime ?
Will he write to me?	Et s'il m'écrit ?
Will he marry me?	Et s'il m'épouse ?

94 [ninety-four]

94 [quatre-vingt-quatorze]

Conjunctions 1

Conjonctions 1

Wait until the rain stops.
Wait until I'm finished.
Wait until he comes back.

Attends que la pluie cesse.
Attends que je termine.
Attends qu'il revienne.

I'll wait until my hair is dry.
I'll wait until the film is over.
I'll wait until the traffic light is green.

J'attends que mes cheveux sèchent.
J'attends que le film soit fini.
J'attends que les feux soient au vert.

When do you go on holiday?
Before the summer holidays?
Yes, before the summer holidays begin.

Quand pars-tu en congé ?
Avant les vacances d'été ?
Oui, avant que les vacances d'été ne commencent.

Repair the roof before the winter begins.
Wash your hands before you sit at the table.
Close the window before you go out.

Répare le toit avant que l'hiver ne commence.
Lave tes mains avant de t'asseoir à table.
Ferme la fenêtre avant de sortir.

When will you come home?
After class?
Yes, after the class is over.

Quand viens-tu à la maison ?
Après le cours ?
Oui, après que le cours est terminé.

After he had an accident, he could not work anymore.
After he had lost his job, he went to America.
After he went to America, he became rich.

Après avoir eu un accident, il ne pouvait plus travailler.
Après avoir perdu son travail, il est allé en Amérique.
Après être allé en Amérique, il est devenu riche.

95 [ninety-five]

Conjunctions 2

95 [quatre-vingt-quinze]

Conjonctions 2

Since when is she no longer working?	Depuis quand ne travaille-t-elle plus ?
Since her marriage?	Depuis son mariage ?
Yes, she is no longer working since she got married.	Oui, elle ne travaille plus depuis qu'elle s'est mariée.
Since she got married, she's no longer working.	Depuis qu'elle s'est mariée, elle ne travaille plus.
Since they have met each other, they are happy.	Depuis qu'ils se connaissent, ils sont heureux.
Since they have had children, they rarely go out.	Depuis qu'ils ont des enfants, ils sortent rarement.
When does she call?	Quand téléphone-t-elle ?
When driving?	Pendant le trajet ?
Yes, when she is driving.	Oui, en conduisant.
She calls while she drives.	Elle téléphone en conduisant.
She watches TV while she irons.	Elle regarde la télévision en repassant.
She listens to music while she does her work.	Elle écoute de la musique en faisant ses devoirs.
I can't see anything when I don't have glasses.	Je ne vois rien lorsque je n'ai pas de lunettes.
I can't understand anything when the music is so loud.	Je ne comprends rien quand la musique est trop forte.
I can't smell anything when I have a cold.	Je ne sens rien lorsque j'ai un rhume.
We'll take a taxi if it rains.	Nous prendrons un taxi s'il pleut.
We'll travel around the world if we win the lottery.	Nous ferons le tour du monde si nous gagnons à la loterie.
We'll start eating if he doesn't come soon.	Nous commencerons le repas s'il n'arrive pas bientôt.

96 [ninety-six]	96 [quatre-vingt-seize]
Conjunctions 3	Conjonctions 3

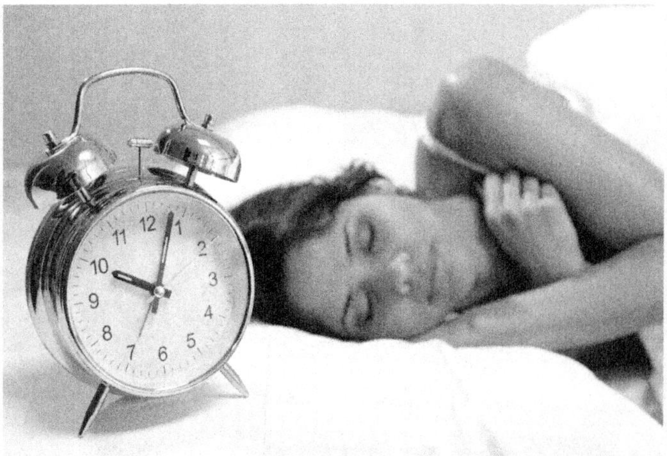

I get up as soon as the alarm rings.	Je me lève des que le réveil sonne.
I become tired as soon as I have to study.	Je me fatigue des que je dois étudier.
I will stop working as soon as I am 60.	J'arrêterai le travail des que j'aurai 60 ans.
When will you call?	Quand appellerez-vous ?
As soon as I have a moment.	Des que j'aurai le temps.
He'll call, as soon as he has a little time.	Il appelle des qu'il a le temps.
How long will you work?	Combien de temps travaillerez-vous ?
I'll work as long as I can.	Je travaillerai aussi longtemps que je le peux.
I'll work as long as I am healthy.	Je travaillerai aussi longtemps que je serai en bonne santé.
He lies in bed instead of working.	Il reste au lit au lieu de travailler.
She reads the newspaper instead of cooking.	Elle lit le journal au lieu de faire la cuisine.
He is at the bar instead of going home.	Il est assis au bistrot au lieu d'aller à la maison.
As far as I know, he lives here.	Autant que je le sache, il habite ici.
As far as I know, his wife is ill.	Autant que je le sache, sa femme est malade.
As far as I know, he is unemployed.	Autant que je le sache, il est au chômage.
I overslept; otherwise I'd have been on time.	Si je ne m'étais pas endormi, j'aurais été à l'heure.
I missed the bus; otherwise I'd have been on time.	Si je n'avais pas manqué le bus, j'aurais été à l'heure.
I didn't find the way / I got lost; otherwise I'd have been on time.	Si je ne m'étais pas perdu, j'aurais été à l'heure.

97 [ninety-seven]

97 [quatre-vingt-dix-sept]

Conjunctions 4

Conjonctions 4

He fell asleep although the TV was on.	Il s'est endormi quoique la télévision ait été allumée.
He stayed a while although it was late.	Il est encore resté quoiqu'il était déjà tard.
He didn't come although we had made an appointment.	Il n'est pas venu quoique nous nous soyons donné rendez-vous.
The TV was on. Nevertheless, he fell asleep.	La télévision était allumée. Malgré tout, il s'est endormi.
It was already late. Nevertheless, he stayed a while.	Il était déjà tard. Malgré tout, il est encore resté.
We had made an appointment. Nevertheless, he didn't come.	Nous nous étions donné rendez-vous. Malgré tout, il n'est pas venu.
Although he has no license, he drives the car.	Quoiqu'il n'ait pas de permis de conduire, il va en voiture.
Although the road is slippery, he drives so fast.	Quoique la route soit verglacée, il roule vite.
Although he is drunk, he rides his bicycle.	Quoiqu'il soit ivre, il fait de la bicyclette.
Despite having no licence / license (am.), he drives the car.	Il n'a pas de permis de conduire. Malgré tout, il va en voiture.
Despite the road being slippery, he drives fast.	La route est verglacée. Malgré tout, il roule vite.
Despite being drunk, he rides the bike.	Il est ivre. Malgré tout il fait de la bicyclette.
Although she went to college, she can't find a job.	Elle ne trouve aucun emploi quoiqu'elle ait fait des études.
Although she is in pain, she doesn't go to the doctor.	Elle ne va pas chez le médecin quoiqu'elle souffre.
Although she has no money, she buys a car.	Elle achète une voiture quoiqu'elle n'ait pas d'argent.
She went to college. Nevertheless, she can't find a job.	Elle a fait des études. Malgré tout, elle n'a pas trouvé d'emploi.
She is in pain. Nevertheless, she doesn't go to the doctor.	Elle souffre. Malgré tout, elle ne va pas chez le médecin.
She has no money. Nevertheless, she buys a car.	Elle n'a pas d'argent. Malgré tout, elle achète une voiture.

98 [ninety-eight]

Double connectors

98 [quatre-vingt-dix-huit]

Conjonctions doubles

The journey was beautiful, but too tiring. The train was on time, but too full. The hotel was comfortable, but too expensive.	Le voyage était certes beau mais trop fatigant. Le train était certes à l'heure, mais complet. L'hôtel était certes agréable, mais trop cher.
He'll take either the bus or the train. He'll come either this evening or tomorrow morning. He's going to stay either with us or in the hotel.	Il prend soit le bus soit le train. Il vient soit ce soir soit demain matin. Il loge soit chez nous soit à l'hôtel.
She speaks Spanish as well as English. She has lived in Madrid as well as in London. She knows Spain as well as England.	Elle parle non seulement l'espagnol mais aussi l'anglais. Elle a vécu non seulement à Madrid mais aussi à Londres. Elle connaît non seulement l'Espagne mais aussi l'Angleterre.
He is not only stupid, but also lazy. She is not only pretty, but also intelligent. She speaks not only German, but also French.	Il est non seulement bête, mais aussi paresseux. Elle est non seulement jolie, mais aussi intelligente. Elle parle non seulement l'allemand, mais aussi le français.
I can neither play the piano nor the guitar. I can neither waltz nor do the samba. I like neither opera nor ballet.	Je ne sais jouer ni du piano ni de la guitare. Je ne sais danser ni la valse ni la samba. Je n'aime ni l'opéra ni le ballet.
The faster you work, the earlier you will be finished. The earlier you come, the earlier you can go. The older one gets, the more complacent one gets.	Plus tu travailles vite, plutôt tu auras terminé. Plutôt tu viens, plutôt tu seras parti. Plus on vieillit, plus on aime se mettre à l'aise.

99 [ninety-nine]

99 [quatre-vingt-dix-neuf]

Genitive

Génitif

my girlfriend's cat	le chat de mon amie
my boyfriend's dog	le chien de mon ami
my children's toys	les jouets de mes enfants
This is my colleague's overcoat.	C'est le manteau de mon collègue.
That is my colleague's car.	C'est la voiture de ma collègue.
That is my colleagues' work.	C'est le travail de mes collègues.
The button from the shirt is gone.	Le bouton de la chemise est parti.
The garage key is gone.	La clef du garage n'est pas là.
The boss' computer is not working.	L'ordinateur du chef est cassé.
Who are the girl's parents?	Qui sont les parents de la jeune fille ?
How do I get to her parents' house?	Comment est-ce que j'arrive à la maison de ses parents ?
The house is at the end of the road.	La maison est située au bout de la rue.
What is the name of the capital city of Switzerland?	Comment s'appelle la capitale de la Suisse ?
What is the title of the book?	Quel est le titre de ce livre ?
What are the names of the neighbour's / neighbor's (am.) children?	Comment s'appellent les enfants des voisins ?
When are the children's holidays?	A quelle date sont les vacances des enfants ?
What are the doctor's consultation times?	Quelles sont les heures de consultation du médecin ?
What time is the museum open?	Quelles sont les heures d'ouverture du musée ?

100 [one hundred] | 100 [cent]

Adverbs | Adverbes

already – not yet
Have you already been to Berlin?
No, not yet.

déjà – pas encore
Avez-vous déjà été à Berlin ?
Non, pas encore.

someone – no one
Do you know someone here?
No, I don't know anyone here.

quelqu'un – personne
Connaissez-vous quelqu'un ici ?
Non, je ne connais personne ici.

a little longer – not much longer
Will you stay here a little longer?
No, I won't stay here much longer.

encore – ne ... plus
Restez-vous encore longtemps ici ?
Non, je ne reste plus longtemps ici.

something else – nothing else
Would you like to drink something else?
No, I don't want anything else.

encore quelque chose – plus rien
Voulez-vous encore boire quelque chose ?
Non, je ne désire plus rien.

something already – nothing yet
Have you already eaten something?
No, I haven't eaten anything yet.

déjà quelque chose – encore rien
Avez-vous déjà mangé quelque chose ?
Non, je n'ai encore rien mangé.

someone else – no one else
Does anyone else want a coffee?
No, no one else.

encore quelqu'un – plus personne
Est-ce que quelqu'un voudrait encore un café ?
Non, plus personne.

Printed in Great Britain
by Amazon

41918953R00059